# 人を生かす神の知恵

祈りとともに歩む人生の四季

武田なほみ

オリエンス宗教研究所

# 目次

## I 「私」への道——愛と慈しみに育まれ

## Ⅱ　ともに歩む道――キリストのうちに

Ⅲ　新しい道――キリストとともに

# I 「私」への道——愛と慈しみに育まれ

## 1　いのちを支える「存在肯定」の声

### 暮らしの中の福音

ある雨の日の夕方、私鉄の小さな駅前に広がる商店街を、私は自宅に向かって歩いていた。改札口も駅の出口も一つしかないこの小さな駅の前からは、自治体が運営するコミュニティバスが出ている。歩行者が行き交う駅前商店街をバスが通るので、いつも一人の交通整理員がバスを誘導したり、歩行者に声をかけたりしている。

その日は雨合羽を着た年配の交通整理員が、腰をかがめて停留所まわりを掃除していた。そこに若いお母さんに手を引かれた幼い女の子がやってきて、交通整理員のうしろから「おじちゃん、こんにちは!」と元気に声をかける。すると、交通整理のおじさんはにわかに全身に喜びがあふれていく様子でふり返り、「よぉ、こんちは! 今、帰りかい」と応じて、この親子とことばを交わし始めた。いつもバスを使っている顔見知りの親子なのかもしれないが、交通整理のおじさんは、つい先ほどとは顔の輝きも身のこなしもまるで違って、がぜん生き生きとしている。幼い女の子の一声で、一日の労働の疲れも吹き飛んでしまったのだろう。

このおじさんに今日そこで会えた喜びを、単純に、ストレートに表現した子どもの声は、まぎれもなく、このおじさんが今そこにいてくれることを喜ぶ者がいることを伝える声だった。そして、その場に居合わせた私も、おじさん同様に心温められ、感謝しながら家路についたのだった。それと同時に、誰かがそこにいてくれることを単純に喜ぶ存在肯定の声を、私たちは日常生活の中でどれほど聴いているのだろう、発しているのだろう、と考えさせられた。

## 神の知恵に心を上げて

私は、生涯発達心理学という分野の研究から出発して神学を志した一信徒である。人は、身体的にも、言語や思考といった認知的な側面においても、また他者や社会とのかかわりにおいても、生涯を通してさまざまな課題に向き合い、変化を経験しながら人生の旅路を歩んでいく。その歩みを、現代心理学の視点からだけでなく、一キリスト者の視点から見つめたいと考えてきた。日々の暮らしの中で福音に聴き、福音によって生かされ、ともに生きるということを、いのちそのものである神とその知恵に心を上げつつ考えたい。パウロが「神の力、神の知恵であるキリスト」（一コリント1・24）と述べた、イエス・キリスト。その愛と慈しみに触れられ、生かされて、キリストに従ってともに人生を旅する信仰者の歩みについて、考え、祈る時を、この書を手にとってくださる方と少しの間ご一緒できるとすれば、このうえなく幸せに思う。

本章では、先ほどの女の子と交通整理のおじさんのかかわりをヒントに、日常生活の中で経験される存在の肯定と受容、信頼ということを考えてみたい。

## 受容される経験と信頼

発達心理学者のE・エリクソンは、彼の心理社会的発達論の中で、一人では生きていくことのできない存在として生まれてくる人間が、親をはじめとする周囲の人々とのかかわりを通してこの世界に受けいれられている実感を持つこと、つまり、自分をとりまく世界や人々は「私」を脅かす存在ではなく信頼に足るものであり、「私」は安心していてよい、

「だいじょうぶ」と感じる経験が、人間の生の土台を形成すると述べている。

私たちは皆、「与えられた存在」として人生を歩み始める。いのちも環境も、親や家族をはじめとする人とのかかわりも、まずは与えられて人生を歩み始める。自分で自らを守ることができない幼子は、ただ母親や母親のようにこの子にかかわる養育者に抱かれ、お乳を与えられ、十分に温かな環境と愛を与えられて生きることができる。そして、その泣き声一つでその子がおなかをすかせているのか、眠くてぐずっているのか、あるいは体調が悪いのかなどを察して世話をしたり、抱き上げて名を呼びながら「いい子、いい子」とあやしてくれたりする親とのかかわりを通して、幼子たちは他者や世界、また自分自身に対する基本的な信頼を得ていくとエリクソンは言う。愛をもって守られ受けいれられる経験を通して、子どもは、ことばで考えることがまだできないにしても、自分がこの世に受けいれられており、存在していてよいということを感情のレベルで経験し、安心感を得、その安心感を基盤として、他者や世界が決して自分の存在を脅かすものではなく、信頼に足るものであることを学んでいく、というのである。

エリクソンはこれを基本的信頼の形成と呼び、人生最初の数年間に、私たちの誰もが向き合う最重要課題と捉えた。名をもって呼びかけられること、抱き上げられ、慈しみの目を注がれることなどを通してその小さな存在全体を受容されることは、十分な栄養と温かな環境が与えられることと同様に、幼子に与えられる存在肯定のメッセージであり、いのちの基盤を成すものなのである。

## 信頼と希望

人は生涯を通してかかわりの中を生きていく。すべてにおいて完全な人間などいないから、人間とのかかわりだけを取り上げて考えるなら、百パーセントの受容を経験して完璧な信頼が形成されることは、おそらくない。親がどれだけベストを尽くしても、子どもがなぜ泣きやまず、何を求めているのかがわからなくて右往左往することもあるだろうし、子の求めに応じてやれないことも、ときにはあるだろう。あるいは、大好きな親にはいつも自分を見ていてほしいと願う、幼いきょうだいからちょっとした意地悪をされることがあるかもしれない。

そのような時、子どもは「基本的信頼」とは逆の「不信」に傾く経験をするが、それでもその子が生活全体の中で受容されていることを感じて十分に安心していられるならば、基本的な信頼は形成されていくとエリクソンは言う。実際には「不信」の経験も、それを通して親が自分とは別の存在であって他者であることを知っていく機会となる。それでも、その他者や世界が信頼に足る存在であることを日々のかかわりの中で経験し、幼子が十分に受容され安らいでいることができるならば、基本的信頼は形成されていく。そして基本的信頼が育まれるに従って、希望という生きる力が備わっていくとエリクソンは述べる。

基本的信頼は乳児期においてもっとも重要な課題であるが、乳児期だけではなく、その後も生涯を通してゆっくりと深められ発達していくという。存在肯定の声を聴くこと、すなわち「私」という存在が認められ受容されていると知ることは、私たちの生の土台であり、根底からいのちを支えるものなのだ。

## 存在肯定の声を聴く——ストローク理論を参考に

現代の心理学からもう一つ、人間同士のかかわりを考える際に参考になる理論がある。交流分析という理論に含まれる、ストロークと呼ばれる考え方である。

ストロークとは、なでる、さする、軽くたたくといった意味を持つ語で、たとえば親が幼子を抱き上げてあやす時に、抱きとめた子の背をポンポンと軽くたたいたり、さすったり、なでたりする仕草や肌のふれあいのことを言う。心理学理論としてのストローク理論ではこれを少し広く捉えて、他の人の存在を認めていることを伝えることば（言語的なストローク）や行い（非言語的なストローク）のことを指す。言わば「私はあなたが今ここにいることを認めていますよ」と伝える承認の刺激と言ったらよいだろうか。あいさつや会釈も、日常交わされるストロークの一例である。

ストローク理論では、私たちが日々、さまざまな種類のストロークをやりとりしていることに注目する。あいさつやちょっとしたことばかけをはじめ、名を呼ばれること、感謝されること、ほめられること、じっくり話を聴いてもらうこと、意見を認められること、そして握手やほほえみ、ほおずりなどは、肯定的なストロークである。それらのストロークを受けとると、私たちはうれしい気持ちになり、元気になる。冒頭の幼い女の子による交通整理のおじさんへのあいさつは、肯定的ストロークの一例だろう。それとは逆に、叱責や非難、嘲笑、視線を合わせないことといった否定的なストロークもある。それらは相手の存在を否定的に捉えていることを示すストロークであり、それらのストロークを受けとると私たちは不愉快になったり、自信を失って意気消沈してしまったりする。

また、ストロークの中には「あなたは大切な子」というような、相手の存在をまるごと受容し、肯定する無条件のストロークもあれば、「テストでよい点をとったから」とか、何かができるからよいという、条件つきのストロークもある。否定的ストロークにも同様に、相手の存在をまるごと否定する無条件のものと、条件つきのものがある。

そこで私たちの日常を顧みると、私たちは、赤ちゃんの時には抱っこされ、ほおずりされ「いい子、いい子」と受けとめられて無条件の肯定的ストロークをもらうが、大人になるに従って、どれだけ仕事ができるかとか点数をとれるかといった、何かができることについての条件つき肯定的ストロークが増え、さらには職場や社会の中で軽んじられたり、「あの人はだめ」と決めつけられたりして否定的ストロークを経験し、無条件の肯定的ストロークを受けとる機会が少なくなっていく現実があることに気づかされる。現代の競争社会では特にそうだろう。ストローク理論では、肯定的ストロークを多く受けとるほど人は自身も肯定的ストロークを多く送ることができ、受けとる否定的ストロークが多いほど自らも否定的ストロークを発することが多くなると言われる。日々の生活で、私たちはどのようなストロークをやりとりしているだろうか。

冒頭の幼い女の子の声かけを思い出してみると、あの雨の中の「おじちゃん、こんにちは！」という彼女のことばとその屈託のない声は、交通整理のおじさんにとってまったくの無条件の肯定的ストロークであった。おじさんがただそこにいてくれること、今日おじさんに会えたことを単純に喜ぶ、まさしく存在肯定の声だった。

## 聖書に響く存在肯定の声

聖書はその全体が、私たち一人ひとりに向けて送られる、揺るぎなき存在肯定の声である。神は人間を創造された後、人間を祝福し、「極めて良かった」とされた（創世紀1・31）。イザヤ書によれば、神は人間に次のように語りかけられる。「あなたたちは生まれた時から負われ／胎を出た時から担われてきた。／同じように、わたしはあなたたちの老いる日まで／白髪になるまで、背負って行こう。／わたしはあなたたちを造った。／わたしが担い、背負い、救い出す」（46・3－4）。そして福音書はイエス自身が幼子として、小さく無力で自らは何も持たない存在として貧しいところに来られたことを告げている。神はそれほどまでに「世を愛された」（ヨハネ3・16）のである。

クリスマスを祝う時、私たちはこのことを想い起こしている。すなわち、イエス自身が幼子として来られ、私たちの現実をすべてご自分のものとして受けとられたということ。そのようにして神は自らを小さくし、何の力を誇るのでもない柔和な姿で私たちに近づいてきてくださるということ。貧しいところで静かに、マリアとヨセフをはじめ、ルカによれば羊飼いたちなど、人々とのかかわりの中で神は救いのわざを始めておられるということ。ルカ福音書が伝える、飼い葉桶に眠る幼子イエスは、旧約の時代からずっと歴史を通して民に慈しみを注いでこられた神が、今このイエスを通して変わらぬ愛をもって働きかけておられることを示し、また私たちが帰るべきこの真のふるさとに帰るよう促してもいるのだろう。その真のふるさとに帰って存在そのものを受容され、神の愛に温められ、イエスとともに「お父さん」と呼びかけることのできる方とのかかわりを持つ時、私たちは深い喜びをもって生きることができる。

駅前の交通整理のおじさんに声をかけたあの幼い女の子は、まだ子どもだから、多くの苦労を知らないから、屈託なくストレートな肯定的ストロークを送ることができるのだ、と言う人もいるかもしれない。しかし私たちは、私たちがどんなに闇の中に沈んでいようとも、そこにこそ主が降りてこられ、ともにおられ、一人ひとりの存在を根底から肯定し、心にかけ、慈しみを注いでくださると信じている。福音に戻る時、私たちは真に無条件の存在肯定の声を聴く。その声が私たちの内に響いているならば、あるいは私たちが幼子イエスを自らの中心に大切に抱いているならば、きっとあの幼い女の子のように、誰かの存在を単純に喜ぶ無条件の肯定的ストロークを発することができるだろう。

愛と慈しみの主の声を、私たちの間に響かせることができますように。今日出会う人に、
私も無条件の肯定的ストロークを送ることができますように。

# 2　道を求めて

## 春の予感と希望——

以前、NHKの朝の連続テレビ小説で『梅ちゃん先生』というドラマが放映されていた。主人公の名は梅子。梅と言えば、松竹梅ではしんがりの三番目。梅子も三人きょうだいの末っ子だ。何事にも一生懸命な子で父と同じ医師を目指すのだが、そそっかしくて不器用で、兄の竹夫のように優秀でもない。

ある日、彼女はため息をついて、「どうして私は梅子なんて名づけられたのかしら……」とぼやく。するとそれを耳にした父親が「松と竹の次だから梅子と名づけたわけではない」と答える。「梅は冬の厳しい寒さにも耐え、まだ春の訪れなど遠い先にしか感じられない時に静かに花を咲かせて希望を告げる花であるから」と。ふだんは怒ってばかりいる父から思いがけないことばを聞いて、梅子は新たな思いで庭の梅の木を見上げる。そして彼女はその後、自らの使命を地域の人々のための医療に見出し、その道に邁進していく。

ドラマの一場面ではあるが、そこに私たちは子どもが生まれる前から、その子の能力や性格に関係なく、ただその誕生を楽しみにし、その子のよき生を願って名を考える親の思いを感じとる。そして、その親の愛と慈しみを受けてあらためて自らの生き方を考え、目指すべき目標や方向性を見出してそれに向かって歩き始める子の姿を見出す。与えられた生と自らが持つ能力や特性、関心、弱さや足りなさなど、自分自身の姿を真摯に受けとめ、今、自らの内面深くに燃え続ける憧れを大切にしながら社会の現実や期待に向き合い、使命を見出して、それを自覚的に喜びの内に引き受けて進んでいこうとする若者の姿は、それ自体が梅の花のように、まわりの人々にも希望をもたらすものである。

## アイデンティティという課題

前章で取り上げた、発達心理学者のE・エリクソンは、青年期に私たちの誰もが取り組む課題として、アイデンティティの感覚を得ることを挙げた。アイデンティティの感覚とは、簡単に言えば自分とは何者であるのか、どういう人間であってどんな人間になろうとしているのかについての感覚である。エリクソンによれば、アイデンティティはそのように「私」が自分について持っている認識と、「私」の属している共同体や社会が「私」について持っている認識とが、調和し一致している時に安定する。

『梅ちゃん先生』の例で言えば、子どもの頃から「梅ちゃん」と呼ばれてきた梅子が成長し、地域の人々のための医師でありたいと願い、開業医として歩み始める。その梅子のあり方や自己認識と、家族をはじめとする周囲の人々が梅子を医師として認め、受けいれることとの両方が調和して、梅子のアイデンティティは確立していく。地域の人々の近くにいて尽力する梅子の献身と、人々からの信頼、医師としての梅子の自覚や使命感。それらが合わさって「梅ちゃん先生」という愛称は、梅子のアイデンティティそのものとして生き生きとしてくるのである。

青年期は自己への問いと模索の時期である。これから社会に出ていこうという段階の若者たちは、社会で必要とされる知識や技能を学びながら、自分が何に召されているのかを問い、歩む道を探し求める。自分はこれまでどのような道を歩んできて、今、何に価値を置き、何に喜びを見出し、どのような人間になりたいのか。何を目標としてどこに向かって生きていこうとするのか。自分が生きる社会やこの世界の中で、この「私」に呼びかけられている使命は何であり、自分は社会の中でどのような役割を担っていこうとするのか。

　私たちは自らに問い、他者とかかわり、対話し、さまざまなことに挑戦しながら「わが道」を見つけようとする。その間、言わば「お試し」的なかかわりをして考えようとすることもある。たとえば若者がさまざまなアルバイトや社会活動を経験し、それを通して自らの価値観や使命、社会の中での役割や立ち位置を明確にしていこうとすることは珍しくない。そうして私たちは徐々に歩を前に進め、自らの道を見出して歩み始める。そしてそれが周囲から受けいれられ、認められることで、アイデンティティの感覚を得ていく。

　こうしてアイデンティティの感覚を得ていく過程は、「私」という存在がそれまでの人生の歩みの中で与えられてきたものや過去に経験してきたことを、あらためて自覚的に受けとりつつ、現在抱いている憧れや価値観を明確にし、これから進みゆく方向性を探ってそれらを統合していくという大きな課題を含むものである。それは、いわば「私」が「私」であることを確認しながら、なおかつ「新たな私」へと踏み出していく、その間（あわい）の葛藤を経験することなしには成り立たない。これはそれほど容易な課題ではない。

　何にでもなり得る可能性が開けているようでいて、どこに向かっていけばよいのかわからない。どんなビジョンや価値体系についても、自分はこの道を行くと覚悟を決めてかかわることができない（アイデンティティの拡散）。「どうせ、自分など大した存在ではないし……」とあきらめて何にもかかわらない。あるいは向かっていきたい方向性や深い憧れは確かにあるのに、「古き私」に安住してそこから一歩前に踏み出していく勇気が持てない。いつになっても多くの可能性を確かめるがごとく、実験的なかかわりを繰り返して一つのものにコミットしない（モラトリアム）。そうした難しさや弱さにも直面しながら、私たちは日々何かを選び、その選びを重ねて人生を歩んでいく。

## エリクソンと自身の歩み

「アイデンティティ」と言えばエリクソン（一九〇二－一九四年）の名が出るほど彼はこの分野の研究で有名だが、実はエリクソン自身が生涯を通して自らのアイデンティティの課題と向き合いながら生きた人であったらしい。彼の両親は彼が生まれる前に離別し、彼は実父を知らずに育った。ユダヤ系デンマーク人であった母の再婚相手に養子として迎えられてドイツで幼少期を過ごしたが、ユダヤ教徒のコミュニティでもドイツの子どもたちが通う学校でもよそ者扱いを受けたという。青年期には芸術家になることを志して何年も遍歴したが挫折。二十代後半で子どもたちに絵を教える仕事に就き、教育の仕事を通してアンナ・フロイトに出会い、精神分析の道に進むことになる。しかし職業的なアイデンティティの面では安定に向かった後も、ヒトラー台頭という時代の波に押されるようにして、彼は妻の母国アメリカに移住することを決断。母国語でない言語環境や文化で生きることとなり、再びアイデンティティの課題に直面する。だが、彼はその中で研究と著作を続け、母国語でない言語を用いたからこそ、ことばを深く吟味して理論を構築し、そのことば遣いがむしろ彼の思索や理論を特徴づけるものとして認められるようになっていく。

エリクソンは、アイデンティティの形成は確かに青年期の大きな課題ではあるが、青年期に終わるものではなく、生涯にわたるものだと述べる。自らも繰り返しアイデンティティの課題に向き合い、その確信を得たのだろう。あるいは自らが常にアイデンティティを問い、また問い返されるような経験を生きたからこそ、彼の理論は形づくられ、深められたと言ってもよいのかもしれない。アイデンティティの研究は、エリクソン自身のアイデンティティとも言えるものになった。そしてその理論は、アイデンティティが「私」だけで成り立つものではなく、他者や社会とのかかわりの内に形をとってくるものであり、そのダイナミックで生き生きとしたかかわり合いの中で、人はよりその人らしくなっていくことを示している。

## 道を求めて

今、自分が置かれているこの現実の中で「私」は何を大切にし、何を目指して生きていこうとするのか。「私」は何のために生まれ、どのように生きることを呼びかけられているのか。人間としてどのように生きるのかという問いは、青年期だけでなく、私たちの生涯のどの時期にでも起こる、人間として根源的な問いなのだろう。その問いに向き合う時、私たちはこれまでの人生の結実とも言える今の「私」の強さや弱さ、憧れや傷つきやすさ、与えられてきたもの、切実なる努力や自分なりに応えてきたことなど、自分自身のありのままを受けとりながら、新たな私へと踏み出していこうとする。

聖書には、人生の旅路のところどころで神の前に自らを置いてその識別をし、新たな一歩を踏み出していった人々の物語がたくさん語られている。アブラハムやモーセ、新約ではヨセフとマリア、そしてペトロやパウロをはじめとする数々の人々。その物語のどれもが今まさに人生の旅路をいく私たちに語りかけるものを持っている。

道を求める思いとキリスト者としての出発を考える時、私はいつも、ヨハネ福音書1章

35節以下に語られる召命物語を思い出す。洗礼者ヨハネの弟子二人が、洗礼者ヨハネからイエスについての証しを聞いてイエスについていく。するとイエスが彼らを見て、イエスのほうから「何を求めているのか」（38節）と声をかける。弟子たちはその問いにうまく答えられなかったのだろうか、「ラビ――『先生』という意味――どこに泊まっておられるのですか」（同）と少々ちぐはぐなことばを口にする。イエスは弟子たちの不躾にも聞こえる発言に怒ることもなく、「（そのまま）来なさい」（39節）と彼らを招く。

　福音書のテキストは多くを語らないが、二人の弟子たちは人間として真に生きることを問い、自らの生きる道をまじめに求めて洗礼者ヨハネのもとで学ぼうとしていたに違いない。だからこそ、師のことばを聞いてイエスについて行った。しかしイエスから「何を求めているのか」と聞かれても、彼らにはまだうまくことばで言い表すことができない。それでもイエスはその彼らを「ただついていらっしゃい」と招く。そして彼らはイエスについて行き、イエスのそばでイエスの生きざまに触れ、イエスが留まるところにともに留まってイエスの道を歩んでいく者になっていく。

## ともに歩む道

ヨハネ福音書はさらに、この二人の弟子の一人がペトロの兄弟アンデレであったと述べ、アンデレがペトロにメシアとの出会いの喜びを告げて招いたことを伝えている。待ち焦がれていたメシア、探し求めていた道をついに見つけた喜びにあふれ、アンデレはペトロに伝えずにはいられなかったのだろう。福音書はさらに、イエスに招かれたフィリポが、アンデレと同じようにイエスとの出会いの喜びをナタナエルに告げて彼を招いたと語る。

皆、誰かに告げられて、人間と人間との生きたかかわりの中でイエスに出会うきっかけを得、イエスの留まるところに自らも留まってみて、道を見出していく。ナタナエルのように、初めは自分の理解の枠組みにとらわれて、告げられた内容を受けとることができずに否定的な反応を示す場合もあるが、イエスに出会ってみると、むしろイエスのほうから先に、自分に目をとめ、受けいれてくれていたことを知る。そしてイエスとのかかわりの中で、自ら大切なものを見て、知って、イエスの道を歩む者になっていくのである。

『梅ちゃん先生』の梅子も、自分の名の由来を父から初めて聞いた時に、自分が存在するよりも前に自分が望まれ、受けいれられ、大切な存在としてよき生を望まれていたことに気づき、自覚的に自らの使命を歩む者となっていった。私たちも、さまざまなかかわりを通してイエスに出会う時、自分が気づくよりも先に認められ、招かれていることに気づき、それぞれに呼びかけられている招きや使命に応えて前に踏み出していく力を与えられる。

ヨハネ福音書1章のこの箇所は、道を求める私たちに与えられている三つの要素を告げている。第一は、自分の思いも願いもまともにことばにできないような私たちを先に認めて受けいれるイエスの、そして父なる神の慈しみのまなざし。第二には、私たちが歩む人生の、その具体的な「道」であるイエス。それは、私たちが憧れと尊敬と親しさをもってその方に倣い、後をついていくことをゆるされている、師であり同伴者であるイエスである。そして第三には、そのイエスの後をともに歩んでいく友の存在。

イエスの後を従っていく道は、同じ憧れや志を抱く友と励まし合い、助け合い、学び合ってともに歩む道である。一人ではなく一緒に歩むからこそ、私たちは身近な一人を真に大切にし、理解し、仕えることを学び、いのちの深い喜びにあずかる。その恵みにあずかりながら、私たちはキリスト者としてのアイデンティティをより深めていくのだろう。今日も、喜びと感謝を胸に、この道を歩みたい。

# 3　一年生の喜び

## もうすぐ一年生

子どもたちはしばしば、大人に大切なことを思い出させてくれる。先日、私はこの春に小学校に上がる姪と一緒に歩いていた。おばあちゃんの家に遊びに来ていた姪は、「おじちゃん」が犬のお散歩に出かけると聞いて、自分もついていきたかったのだ。おじちゃんと犬の後を追って、姪と私は一緒に外に出た。

お散歩は楽しい。歩くうちに姪は歩道の縁石が少し高くなっていることに気がついた。まっすぐな道に長い平均台が置かれているみたいに、縁石はずっとつながっている。数十メートル先を行くおじちゃんと犬も気になるけれど、この平均台の上を上手に歩いてみるのも楽しいに違いない。姪は縁石の上を歩き始めた。足を踏み外さないように歩くには、注意がいる。さっきまでよりもちょっとゆっくり歩くことになる。ところが犬はそんなことおかまいなしである。ご機嫌でどんどん先に行くから、おじちゃんと犬の後ろ姿はだんだん小さくなっていく。「大変、急がなくっちゃ」と思ったのだろう、足を早めた途端に彼女は縁石から落ちてころんでしまった。あっと思う間に姪の顔がゆがんで泣き顔になる。でも彼女は自分で起き上がると、「おじちゃん、待って」と言って走りだした。

その後、私が「さっきころんだところは大丈夫？　痛かったのに泣かずにがんばったね」と声をかけると、彼女は、うん、とうなずきながら少しはにかんで、「だって、もうすぐ一年生になるから」と答えてくれた。「もうすぐ一年生になるから」。私は姪が新しいランドセルの写真を見せてくれていたことを思い出した。小学校一年生になるという喜びが、彼女の中で生き生きと働いている。喜びが彼女のうちに静かに、確かに染み通って、この六歳の女の子は一年生にふさわしい者になろうという彼女なりのがんばりを、日常の小さなことから始めている。公に一年生になるのは四月の入学式を経てからだが、彼女は少しずつ、その幼い人格全体で、一年生になる歩みを始めているのだ。

## 入信の秘跡とキリスト者になる歩み

小さな姪の姿からあらためて想い起こされたのは、私たちの「キリスト者になる」歩みである。キリスト者になるということは、時間をかけて、私たちの全人格的なかかわりを通して実現していくものである。人はある日ある時に突然、完成したキリスト者として生まれてくるのではない。神からの働きかけと、神の恵みを受けてこれに応えようとする一人ひとりの人間と、教会共同体とがあって、それらのかかわり合いの中でキリストに出会い、少しずつキリスト者になっていく。キリストの愛を生き、信仰がその生き方に体現されている人々と出会うことを通して、私たちはこの人々のうちに染み通っている愛に自分も温められたり心を動かされたりして、キリストに出会っていく。そして少しずつキリスト者としての価値観や生き方を身につけ、変えられていく。それは、感情や理性、意志、行いを含む、全人格的な歩みである。

この「キリスト者となる」歩みが端的に示されているのが、第二バチカン公会議後にカトリック教会が出した儀式書『成人のキリスト教入信式』だろう。ここで入信の秘跡は古代教会において行われていた「洗礼準備制度」の伝統に基づいて捉えられ、新たに洗礼を受ける人が教会共同体の交わりの中で、共同体の人々とともに、時間をかけてキリスト者となっていく過程として示されている。

この歩みは、四つの段階を経て進んでいくものとして提示されている。その最初は、人が初めてキリスト教に接して関心を抱き、話を聞いたり学んだりしてみようとする、いわば出会いの段階である。教会の入門講座などに参加して学ぶことで、ある人々は福音に心を動かされてキリストに従う生き方を自らのものとして考えるようになる。儀式書ではこの期間を、求道期前の期間と呼んでいる。

洗礼を望む人々は、洗礼準備としてさらに次の三つの段階を進むことになる。すなわち、①教会で行われる入門式をもって正式に求道者として受けいれられ、学びを続ける求道期、②洗礼志願式を経て洗礼志願者となり、信者の共同体とともにキリストの救いのわざを想い起こし、清めと照らしを願い、祈りつつ、洗礼の準備をする洗礼準備期、③そして洗礼・堅信・聖体の秘跡を受け、キリストの死と復活の神秘にあずかった新受洗者が、その恵みをより深く理解し、共同体の交わりにさらに深く結ばれていくよう設けられる、入信の秘跡直後の導きの期間である。

儀式書は、キリストの死と復活に秘跡的にあずかる復活徹夜祭に入信の秘跡が行われることが最も適していると述べる。教会は毎年、この四つの段階にある求道者とともに祈りながら歩む。すでに何年も前にキリスト者「一年生」になった人々も、洗礼を受ける人々とともに洗礼の約束を新たにし、再び神の霊に息吹かれる。それは「一年生」のうちに働く息吹にあずかって、もう一度新たに立ち上がる機会とその力を与えられるような、深い喜びと恵みの経験である。

## 異文化との出会いにおける心のプロセス

さて、心理学の分野では、人が新しい環境に入ったり異なる文化に出会ったりした際に経験する心の動きが、ある程度研究されている。それはたとえばそれまでキリスト教とあまりなじみのなかった人が教会に通い始める際に経験し得る心の動きを理解し、より良い支えを考えるための一つの材料を提示してくれる。

たとえば異文化との出会いを私たちの人生における一つの「移行体験」（transitional experience）として捉え、人がその異文化と向き合うことで「新たな〈私〉」へと変容していく過程を説明するモデルでは、次のような五つの段階が挙げられている。第一に、ハネムーン期とも呼べる、初期接触期。それは新しい文化に触れてすべてが魅力的でおもしろく感じられ、新しいものを発見した喜びにわくわくする時期である。第二にはカルチャーショック期。これまでの自分の行動様式が通用しない経験が重なり、混乱や戸惑い、孤独感や怒り、無力感が経験される時期で、自己が崩壊するように感じられる。それでも、しばらく新しい文化で生活すると慣れてきて、第三の初期適応期に入る。この時期になると、日々の行動には慣れて表面的には適応し、コミュニケーション上の不都合は減っていくが、一方では文化的差異に対する怒りやフラストレーションは解消されず、むしろそれらが募って、新たに出会った文化を否定することによって自尊心を保とうとする傾きも現れる。

ある人々はさらに進んで、第四期の抑うつ期を経験する。抑うつ期には、人は表面的な行動よりも深いレベルで自分が新しい文化に根づいていない感覚を持ったり、価値観などで自分がそれまでなじんでいたものとは埋めがたい溝があることを感じて、深い疎外感を経験したりする。第二期のカルチャーショックよりもさらに深い次元での根源的な空虚感を経験してアイデンティティの危機ともなる時期である。そして、第三期の適応感と第四期の抑うつや疎外感を行きつ戻りつしながら、最終的に第五の段階、すなわち、両文化に共通するものと異なる要素との両方を受け入れながら自分の中に統合し、独立した〈私〉になっていく段階へと向かっていく。

すべての人が統合に至るわけではなく、また、五段階すべてを同じように経験するわけでもないから、この一つのモデルを安易なものさしのように誰にでもあてはめて用いようとすることは慎まなければならない。しかし、新たな文化や価値観と出会っていく中で、私たちがしばしば経験する戸惑いや孤独感、もがきや疲れは、人間の心の経験として誰もが経験し得るものであることを、心理学の研究は示している。

新たに教会に通うようになった人々の場合には、たとえば、教会内で交わされるあいさつなどの習慣に戸惑いを覚えたり、ミサでのことばや所作がわからないことからくる違和感や疎外感を経験することがあるかもしれない。教会内の人間関係でつまずきを感じて嫌になってしまう人もいるかもしれない。あるいは福音の視点から問われるべき社会の課題や人々の苦しみが、現実には教会においても十分に向き合われていないのではないかという疑問や落胆を感じるかもしれない。それらの疑問や率直な思いには、比較的簡単な答えが得られるなら解決するものと、信仰の共同体と一緒に真剣に向き合っていくべき問題提起とがともに含まれているだろう。

そのような疑問や日常の思いをお互いに尊重し合う雰囲気の中で気兼ねなく聞いたり話せたりすることのできる場が、求道者を迎え入れる共同体にあると、求道者は自らの気持ちを整理しながら、キリストとの出会いと友情にもっと集中しやすくなる。そして、より深く福音に聴き、生かされることへと招かれ、開かれていくように思われる。キリスト者一人ひとりも、また教会も、それぞれが限界や欠けを持つ存在でありながら、ともにキリストのうちへと沈められ、入れられた存在として自らもゆるしを願いながら歩んでいく。それを肌で感じ、経験しながら、私たちは少しずつキリスト者になる歩みを重ねていくのだろう。

### ともに歩む教会共同体

「キリスト者になる」歩みは、私たちがより深くキリストを知り、結ばれて、その愛に力づけられて、より透明にキリストの愛を映すものへと変えられていく歩みであり、それは入信の秘跡のあとも、生涯を通して続いていく。その歩みは、『成人のキリスト教入信式』が示すように、共同体とのかかわりの中で、絶えず新たにされながら続いていくものである。

プロテスタントの神学者でキリスト教教育の分野に多くの著作を持つJ・ウェスターホフは、信仰者の共同体を、それぞれに年輪を持つ樹木が育つ森のイメージを用いて表現している（『子どもの信仰と教会』参照）。まだ少ない年輪しか持たない若い木も、多くの年輪を持つ樹木も、それぞれが一本の木であり、ともに大地に根をはって生きている。それぞれの木は時間をかけて成長していくが、常に以前の年輪を内に抱きながら新しい年輪を加えていく。

ウェスターホフによれば、信仰の年輪にはいくつかの型がある。幼い子どもたちが親や教会共同体によってそのまま受容され、愛されることを経験するような経験的信仰。その共同体で人々とともに活動し、自分がそこに所属しているという実感を得ることが本人にとって重要な意味を持つ帰属的信仰。自らの信仰とその意味をあらためて問い直し、知的な理解を求め、批判的な吟味の上で向き合おうとする探求的信仰。そして懐疑や葛藤を経て、あらためて向き直る回心の経験を伴った告白的信仰である。信仰は、感情における経験が主となる経験的信仰から活動、意志、知的探求を含みながら全人格的に展開し、年輪を重ねるように、時間をかけて成長していく。

樹木のイメージでは信仰者同士の互いのかかわりや支え合いのイメージが明確には出てこないが、それぞれの木が与えられる恵みに生かされつつ、惜しみなく光を注ぐ太陽に向かってより高く伸びていくことへと、ともに招かれていると捉えることも可能だろう。また、信仰の樹木の森においては、すでに年齢を重ねた木（信者）が、まっすぐに伸びていこうとする若い木のみずみずしさに新たな息吹を与えられることもあれば、老木が自らを新芽に明け渡して自身は苗床の働きをするようないのちの神秘に出会うこともあるように思う。

## 新たな息吹を受けて

四月。日本の社会では教会だけでなく、学校でも職場でも、また地域社会でも、多くの「一年生」が喜びや希望と少しの戸惑いや不安とともに歩みを始める。この一人ひとりの歩みが、いつも慈しみ深い神に見守られ、それぞれに祝福された歩みになるよう祈りたい。新しい文化との出会いの中で、喜びや戸惑いをはじめとする感情のアップダウンを経験することがあっても、最も大切なものに目を注ぎ続ける恵みが与えられますように。そして一年生たちを迎え入れる共同体も、その歩みを支え、この若いいのちの内に働く神の愛の息吹にともに息吹かれて、喜びと感謝のうちに新たな一歩を踏み出していくことができますように。それぞれが新たな「年輪」を刻む一年生であることを思いながら、祈っている。

# 4 旅と冒険

## 思い出の絵本

この数年、大学のあるクラスで、学生たちにそれぞれの「思い出の絵本」を発表してもらっている。先日は一人の学生が『こんとあき』（林明子作）という本を紹介してくれた。それは、きつねのぬいぐるみの「こん」と「あき」という小さな女の子の物語である。「こん」は新しくやって来る赤ちゃんのおもりをするよう、おばあちゃんに頼まれて「さきゅうまち」からやって来た。その赤ちゃんが「あき」。だから「こん」と「あき」は「あき」が生まれた時から、いつも一緒だ。ある日、古くなってほころびてしまった「こん」の腕を直してもらうために、二人（？）は汽車に乗って「さきゅうまち」のおばあちゃんの家へと出かけていく。その旅は、駅でお弁当を買いに行った「こん」がなかなか戻ってこなかったり、初めて見る砂丘で足あとをつけてみたり、もうすぐおばあちゃんの家というところで大変な事件に遭遇したりで、わくわくどきどき、小さな冒険の旅である。「あき」は、いつでも「あき」を思って「だいじょうぶ、だいじょうぶ」と言う「こん」のことばを聞きながら、「こん」と一緒におばあちゃんの家を目指していく。

この物語を紹介してくれた学生は本当にこの絵本が好きだったのだろう。絵本をすっかり覚えてしまった子どもが目をきらきらさせてお話を語る時のように、嬉々として、朗々と『こんとあき』を語ってくれた。それを聴いたクラスの皆もまた、物語に引き込まれて「あき」と一緒に冒険をした気分になった。

## 超越の可能性

子どもも大人も、旅や冒険と聞くと、何か心躍るものを感じるようだ。人は皆、冒険に対して本能的な憧れをもっているのだろうと、スイスの臨床医P・トゥルニエは言う（『生の冒険』参照）。

人間がその本性として冒険に何らかの憧れを感じるということは、人間が、「今、ここ」を超え出る「超越」の可能性を持つ存在であることと関係があるのだろう。人間は、

「今、ここ」に見えていることを超え出て、見えていないものを考えることができる。『こんとあき』の物語では、幼い「あき」が「こん」と一緒に自分も「さきゅうまち」に行ってみたいと言い、そこから二人の旅が始まっていく。「あき」は、自分の目の前に見えているものを超えて、まだ見たことのない「さきゅうまち」を思い、それを自分で直接に見て触れてみたい、経験してみたいと願うのである。

人間が「経験」する存在であるということは、身体をもって生きる人間が、生の現実とかかわる中でさまざまなことを感じ、学び、考え、変えられていく可能性を持つ存在だということでもある。「経験」を意味するドイツ語（Erfahrung）は、その語の内に「旅する」（fahren）という語を含んでいると言われる。旅において人は、思いがけない体験や「私」が計画していたのではない出来事に遭遇し、その現実に巻き込まれることを通して、現実のほうから「私」が触れられ、変えられ、新たな「私」を形成される機会を得る。そこには頭で考えていただけでは知り得ない現実との出会いがあり、また、私たち自身が変えられる可能性が含まれている。『こんとあき』の物語でも、汽車の中や砂丘では「あき」が考えてもいなかったような出来事が起こる。しかし、それらの出来事を通して、「あき」は全身で、全人格をもって現実に触れ、その状況に応え、ぐんと成長していく。

「あき」は少しだけ新たな「あき」へと「超越」していっているのである。

## 呼びかけと出発

冒険への憧れについて考える時に、もう一つ気づくことは、人間が価値や意義を求めてやまない存在だということだろう。人は何らかの価値や意義に引きつけられて、自由に、自発的に、現在の慣れ親しんだところから出立しようとする。何か大切なものが欠けているという気づきや、より完全なものへの憧れ、そして、その完全さや価値がまだ満たされていない現実の苦しみ。初めは心の内で小さな動きとして起きる、それらの気づきや憧れが、日々の現実の中で次第により確かな促しや呼びかけとして経験されるようになり、私たちを「旅」へと向かわせる。

プロテスタントの神学者D・ゼレは、現代の物質主義的な世界の中であらゆるものが満ちあふれているにもかかわらず、一人ひとりが満たされていない現実と、そこから人が真に生きることへと向かおうとする葛藤について考察し、その魂の旅の経験を、五つの段階に整理して論じている（『内面への旅』参照）。その第一の段階が、この「気づき」と「憧れ」である。ゼレは、絶対的なものへの憧れは、私たちが何らかの有限性と直面する苦しい時にも、また一見、何も不足するものがないように見える豊かな生の瞬間にも、私たちの内に芽生えると言う。

それはまた、たとえば芸術家が形や文字に表し尽くせない何かを表現しようとして、常に現在あるもの以上のものを追い求め、次の作品の創作に向かうような場合にも認められると言う。それは、はた目には、その人のそれまでの生と何ら変わらないものに映るかもしれないが、その日常の現実の中で、日々新たに、より完全なものへと向かう憧れを抱き、そのつどに応えるべき呼びかけを感じとり、身をささげていく、絶えざる冒険なのである。

ゼレが述べる第二の段階は、慣れ親しんだ、今のこの世界からの「出発」である。多くのものを持っていくことによって保身をはかろうとすると、ひもにつながれた鳥のように、結局は元にいたところから飛び立つことができない。とは言え、『こんとあき』の「あき」のように、ぽんと身一つで出発することができないのが、多くの大人の本当のところだろう。

ルカによる福音書は、「わたしについて来たい者は、自分を捨て、日々、自分の十字架を背負って、わたしに従いなさい」(9・23)というイエスのことばを伝えている。自分のために何かをとっておこうとする思いや行いを、日々捨ててイエスに従っていくのがキリスト者の「旅」である。神の愛にもとづく信仰の冒険は、日々繰り返し、新たに出発する旅でもある。

## 迷路と失敗

ゼレが第三の段階として挙げるのが、迷路と失敗である。冒険へと出発したつもりでも、それがただ目先の楽しさや新しい刺激に引かれただけであるなら、その目先の新しさに慣れるに従って、旅の初めに感じられた高揚感や生き生きとしたエネルギーは失われ、枯渇していく。そして、追い求めようとしていた目標や課題は、新たな重荷と化してしまう。あるいは、それまでの価値観から離れることができずにいるために、旅の途上にあってもかつての基準で、たとえばより立派に見えたり、格好よく見えたりするものを選んでしまって失敗する。そうすると、本来その冒険で目指していた価値や意義に向かう道からそれていって、迷路に入り込んでしまう。

イエスに「あなたは、メシアです」（マルコ8・29）と言って信仰を言い表したはずのペトロが、そのすぐ後に、ご自分の受難について話すイエスをいさめてイエスに叱られる姿や、エルサレムへと向かっていくイエスの道をともに歩みながら、誰がいちばんかという議論に心が向かっている弟子たち（同9・34参照）の姿は、そうした「失敗」がイエスの後を従っていく旅においても、常に存在していることを示しているだろう。

この弟子たちの姿を思うと、神の国を目指す冒険は、本当に「らくだが針の穴を通る方がまだ易しい」（同10・25）ほどに難しいと痛感する。しかしそれと同時に、イエスはこの弟子たちを導かれたのであり、イエスが言われるとおり、「人間にできることではないが、神にはできる」（同10・27）ことなのだとあらためて思い起こして気をとりなおすような思いになる。

## 涙と新生

さまざまな失敗の後に続く、第四の段階としてゼレが挙げるのは、「内面への道」である。失敗を経て、人はそれまで習い性のように持っていた、この世的な価値観と全面的に対決し、それを否み、古い自分に死ぬ局面に立たされる。何かを獲得したり、自分を中心にすえてほかのものを変えたり操作したりすることでは決して解決することができないような危機に直面するのである。その局面に至って、人は「内面への道」を進むことになる。「危機」であるこの経験は、自らのありのままの姿と直面せざるを得なくなる経験であると同時に、その自分が生かされていることを知り、自分がすべてを把握し操作しようとしていた手を開いて、自らを明け渡すことへとつながる経験でもある。それは、古い自分に死ぬことを通して自己を見出し、新たな生を与えられる道である。そして、新たにされた視点をもって、もう一度新たに他者とともに、助け合いながら歩む道を踏みだす起点ともなるものだとゼレは述べる。

　その最たる例を、私たちはペトロの姿に見ることができるだろう。イエスを慕い、寝食をともにしてその後を従ってきたにもかかわらず、イエスが捕らえられると恐ろしくなって自らの保身のためにイエスを一度ならず「知らない」と言って裏切ってしまった彼は、「激しく泣いた」（マタイ26・75）と言われる。とりかえしがつかない「失敗」をし、自身のありのままの姿と直面したペトロは、自分の力で自らを受けいれることなど到底できなかったはずだ。ただ、彼は涙とともに古い自分に死に、握りしめていた手を開いて神にゆだねたのだろう。そうするしかなかったのだろう。

「内面への道」は、人とのかかわりを避けて一人で自分の内にこもっていく道ではない。むしろ、人とのかかわりの中で、私たちが自らの身体をもって、全人格的に日々の現実とかかわり、価値や意義へと向かって旅する途上で、経験する道である。それは、失敗を通して自らの姿を謙虚に知り、変えられていく道である。この「内面への道」は、失敗や涙の経験のうちに自らを知り、神の前にへりくだる機会でもある。

### 帰　路

そのようにして「内面への道」を通り、新たないのちを与えられた後、旅はどこへ続いていくのか。ゼレは、旅の第五段階として、「世界へと戻る道」を挙げる。この世へと戻って生きること。この世界に欠けている何か大切なものを探し求めて冒険に出た旅人は、旅と経験とを通して新たな生を与えられた者として、再びこの世界に戻って、この世界で、その大切なものや価値の実現のために、また人々のために、身をささげて生きることへと招かれる。

私たちは、ペトロが後に復活の主と出会い、新たな使命を与えられて、この世界で愛を証しし、人々とともに、人々のために生きる者となったことを知っている。ペトロと同じように、信仰の冒険を行く一人ひとりも、この世界の現実の中で新たないのちを生きることへと招かれる。

## 冒険の根拠であり目標である愛

冒険という営みが、価値や意義の実現に向かって、自分と自分の置かれている場を後にし、全人格をかけてその旅路を歩んで、自らを与えていく営みであるとするならば、イエス・キリストこそ、私たちの先頭を切って、言わば「大冒険」に出た方と言ってもよいのかもしれない。パウロは「キリスト賛歌」と呼ばれる次の賛歌を伝えている。

「キリストは、神の身分でありながら、神と等しい者であることに固執しようとは思わず、かえって自分を無にして、僕（しもべ）の身分になり、人間と同じ者になられました。人間の姿で現れ、へりくだって、死に至るまで、それも十字架の死に至るまで従順でした」（フィリピ2・6－8）。

この賛歌が伝えている、キリストのこの道行きを貫いていたものは、愛にほかならない。私たちは、この愛に触れられて、この愛に動かされて、キリストの後に従う冒険へと招かれる。そしてキリストとともに、愛を目指して旅に出る。

## 5　親密なかかわりへの招き

### 人生の「夏」

人生をいくつかの時期に分けて捉え、それぞれの時期の特徴を短いことばで表現する営みは、古来、さまざまになされてきた。孔子の「吾十有五にして学に志し、三十にして立ち、四十にして惑わず」ということばは日本でもなじみ深い。人生の歩みを四季の変化と重ねる捉え方もまた、そのような営みの一つと言えるだろう。それは人の生涯全体を一つのまとまりを持つものとして捉えつつ、それぞれの季節の特徴や美しさ、試練をも考える視点を私たちに提供してくれる。人間は身体性を持つ存在として、常に人や社会、環境、そして神とのかかわりの内に生きている。その人生の歩みにおいて、私たちは連続性と非連続性とを経験しながら絶えず漸進していく。そのことを「人生の四季」という考え方は思い出させてくれる。

　人生の「夏」、青々とした葉が力強く茂り、みずみずしさと生命力に満ちているように見える時期と言えば、二十代から三十代の青年期から初期成人期にあたる時期だろうか。本章ではこの初期成人期における課題として発達心理学者のE・エリクソンが挙げた「親密性」をテーマに、私たちが具体的な誰か（他者）との間に親しく温かな関係を築いていく際に経験している「かかわり」を考えてみたい。

## 親密なかかわりを築くという課題

　本書2章で、エリクソンが青年期の課題として挙げるアイデンティティについて取り上げた。自分がどのような人間であるかというアイデンティティの感覚をつかむことは、青年期の若者にとって、深い求めであり、人生の重要問題であるとエリクソンは言う。その道行きを通り抜けてきた若き大人たちは、やがて、具体的な他者との間に対等で親密な関係を築くという課題に向き合う。

　エリクソンの言う「親密な関係」とは、具体的な他者に対して自身を開くと同時に、相手のことも一人の人格として受けとめて率直にかかわる全人格的な関係である。お互いを受容し支え合う親しさと誠実さに満ちた、そのような関係は、おもに三つの要素を含むと思われる。

第一に、他者とかかわることを恐れない信頼である。ここで言う「恐れ」とは、自分と異なる背景やものの見方を持つ他者と深くかかわることによって、自分らしさを失ったり相手にのみ込まれてしまったりするのではないか、自分が傷つけられたり相手を傷つけたりしてしまうのではないかという恐れである。誰もがそのような恐れを感じることはあるとしても、その恐れのために誰ともかかわらないのではなく、他者に開かれていること。その信頼や安心感が親密な関係への第一の要素である。

第二の要素は自己開示と対話である。青年期にその人なりのアイデンティティの感覚を得てきた若き大人たちは、率直に自らの考えや価値観、夢、目標、感情を語り、分かち合うようになる。過度に恐れることなく、受容的な関係の中で自己を開示し、相手にも耳を傾けて聴き、対話すること。それを通して、相手との親しい関係は深められていく。

親密な関係の第三の要素は、それが全人格的なかかわりであることだろう。真に対話する関係は、お互いが変えられていく可能性にも開かれている。ときには自分の願望や計画を変更せざるを得ないことがあるとしても、相手と手を携え、誠実に、支え合って歩む。

それは、全人格的に、そのかかわりを生きていくことである。

青年期に自己のアイデンティティを求めてきた若者は、のちにそのアイデンティティをときに融合させ、自分自身のアイデンティティよりも、むしろ相手の存在やその良さに目を向けながら、共同して歩むことへと招かれていく。結婚は、その端的なものだろう。

## 他者との親密さと自己との和解

エリクソンは「真に二人であることとの条件は、まず一人ひとりが自分自身になること」であると言う。自分自身がどのような人間であるのか、青年期なりの自己理解やアイデンティティの感覚があって初めて、相手を自分とは異なる一人の人格として認め、受けとめることができる、ということなのだろう。

エリクソンはさらに、親密性という課題は「あらゆる他者との親密さ」や「自分自身との親密さ」ともつながっていると言う。それは、相手の良さを喜び、慈しみ、お互いのアイデンティティをその弱さも含めて共有し、信頼し合ってともに生きる関係を築いていく営みの土台には、自分自身とのかかわりがあるということだろう。この「私」は多くの欠点や弱さを持つ存在でありながら、そのままで受けいれられているという現実を受けとめ、自分自身と和解できていること。その時に、私たちは他者とも真に受容的で親密な関係を築いていくことができる。

## 自己と他者に向かう態度とかかわり

さて、交流分析という心理学理論では、私たちの誰もが自分と他者に対して、ある種の「基本的な構え」を持っていると言われる。その構えは自分自身と他者をどのように感じ、捉えているかによって、大雑把に「私はOK、あなたもOK」「私はOKでない、あなたはOK」「私はOK、あなたはOKでない」「私はOKでない、あなたもOKでない」という四つの型に分けられる。交流分析理論によれば、私たちは幼少期に、親をはじめとする養育者や身近な大人たちとのかかわりを通して、この四つの型のいずれかを自分の構えとして身につける。それは日々の経験に対して、子どもとしての「私」がまだ論理的に考えて理解することが十分にできずに感情として経験したもので、その反応の傾向は大人になってからも、その人の基本的な構えとして、ことあるごとに顔を出すのだという。

人と人との間で親しく温かな関係を築くために望ましい構えは、言うまでもなく「私はOK、あなたもOK」である。しかしたとえば「私はOKでない」と捉える傾向にある人は自分を卑下したり、他者があたかも自分を否定したり脅かしたりする存在であるかのように捉えて恐れ、かかわりを拒むなどして自らを閉ざしてしまいがちになる。創世記3章は、木の実を食べたアダムが神に対して「あなたの足音が園の中に聞こえたので、恐ろしくなり、隠れております。わたしは裸ですから」（10節）と言ったと語る。「裸」の自分が小さく、弱く、価値のない存在であって、ありのままの自分が知られてしまうと相手に否定されるのではないかという恐ろしさから「隠れて」しまいたくなるのである。あるいはタラントンのたとえ（マタイ25・14–30参照）で一タラントンを預かった人のように、大きな賜物を預けられていながら、失敗すると罰を受けるのではないかと恐れて、預けられている賜物を「穴を掘って隠して」（同18節参照）おきたくなる。

聖書には、「私はOK、あなたはOKでない」という構えを持つ人々も描かれている。たとえばルカ15章に語られる放蕩息子のたとえの中の兄。彼は帰ってきたもう一人の子を大喜びで迎える父に向かって言う。「このとおり、わたしは何年もお父さんに仕えています。言いつけに背いたことは一度もありません。それなのに、わたしが友達と宴会をするために、子山羊一匹すらくれなかったではありませんか」（同29節）。兄の主張は「自分は正しい行いをしてきている（私はOKである）のに認められず、勝手に出て行った弟が正しくないのはもちろん、その弟を喜んで迎え入れる父も間違っている（ＯＫでない）」ということだろう。彼は一生懸命に「よい子」として期待される役割を演じようと長い間もがいてきたに違いない。その一生懸命ながんばりが評価されることを望み、そうであるからこそ、彼の目から見てがんばることをしなかった弟を「ＯＫでない」と判断するのだろう。ルカ10章38節から42節で語られる、忙しく立ち働くマルタのことばにも、共通する主張が感じられる。

## かかわりにおける気づきと選び

私自身は常日ごろ、自分が「私はＯＫでない、あなたはＯＫ」の構えを持って日々の経験に反応する傾きがあると思っている。生活の中で何か好ましくない事態が生じると、まず自分が悪かったからではないかと考えるし、教会などで何らかの役割を担うと、自分は期待された働きが果たせていないのではないかと思って逃げ出したくなる。そして創世記3章で語られるアダムと同じように、無力で欠陥だらけの自分を人前にさらしておくことが怖くなって、すべてのかかわりを断ってどこかに隠れていたくなる。自ら孤立を求める、そのような時の私は、結局「自分が」「自分が」と思うばかりで、人に対する信頼も、自分自身に対する信頼も、そして神に対する信頼も、感謝も、喜びも失っている。つまり、自分の「私はＯＫでない」構えは謙遜などではなく、実はその根底に「私はＯＫでない、あなたもＯＫでない」という不信と拒絶があることに気づくのである。

そのような私は、ときに容易に「私はＯＫ、あなたはＯＫでない」の構えに転じることがある。基本的に自分がＯＫでないという構えでいるから、「私はＯＫである」と人からも自分からも認められるために、必死で期待される「よい子」の役割を感じとってその役割を演じようとすることが習い性になっているのである。そうすると、普段はがんばってても自分が十分にＯＫでないと感じているのに、ある日、ふとしたきっかけで放蕩息子の兄そのものになっている自分を発見することになる。この時にも、人に対しても自分に対しても裁いて怒っている自分がいるばかりで、感謝や賛美、相手に聴く耳や相手への気遣い、慈しみと信頼は、すっぽりと忘れ去られている。やはり、自分と人と神と、どのかかわりにおいても和解がない。

交流分析理論が言うように、もしも私たちの基本的な構えが子どものころに形成されたものであるとするならば、私たちはどのようにして「私はＯＫ、あなたもＯＫ」の構えをとることを学び、人との間に親しく温かな関係を築いていったら良いのだろうか。

交流分析によれば、それは気づきと選びである。大人になった私たちは、自分の理性を働かせて自分が今どのような構えをとっているのかに気づくことができるし、それに気づいたならば、今度は自分がどのような態度をとるのかを自由をもって選ぶことができる。子ども時代に身につけた構えや感じ方に振り回され続ける必要はない。ある出来事に対して自分の習い性になっている感じ方をしていることに気がついたなら、「ああ、またこのように感じているな」といったん認め、今度は理性を働かせて別の構えで受けとってみると物事はどのように見えてくるのかを考えて、自分のあり方を選びとれば良い。私たちはそうして変わっていく力を持っていると交流分析理論は言う。

## かかわりの基盤――「友情のイコン」を前にして

「マルタ、マルタ、あなたは多くのことに思い悩み、心を乱している。しかし、必要なことはただ一つだけである」（ルカ10・41-42）。イエスは、忙しく立ち働いて「私はOK、あなたはOKでない」の構えになっているマルタに向かって、彼女の名を呼んで語りかける。ただ一つの必要なこと。それはマルタの姉妹マリアのように、イエスに耳を傾けることなのだろう。そのイエスのことばは、欠陥だらけの「私」を糾弾することばではなく、むしろその「私」をも親しい友として名を呼ぶ、愛のことばだろう。そのことばに耳を傾け、そこに留まる時、「私」はもう一度、開かれた心を取り戻して「私はＯＫ、あなたもＯＫ」の構えで人との関係を築いていこうとすることができる。親しく対等な、そして率直で誠実な、温かさに満ちたかかわりを誰かと築いていくためには、相手への信頼に基づいた、飾らない、しかし節度をもった自己開示と、相手に聴く耳と対話、お互いに対する尊敬と感謝、そして献身と祈り合いが必要である。その基盤は、主イエス・キリストとの親しいかかわりにこそある。

「友情のイコン」と呼ばれて多くの人々に親しまれてきたイコンがある。友の名を呼んで親しくかかわろうとするかのように、キリストが聖メナスの傍らに立ち、腕を開いて友の肩に手を回している。この一人の友に温かく寄り添うキリストは、私たち一人ひとりとも友として歩まれる方であるだろう。イコンを前にして祈る時、私たちはいつでもこのキリストとの親しいかかわりに立ち戻ることができる。その率直さと温かさ、そのありがたさに力づけられて、誠実なかかわりを生きる恵みを、今日も祈りたい。

# 6　喜びを選ぶ

## 大学の教室で

大学で担当している授業で、精神医学者V・フランクルの人間観を取り上げることがある。授業では、有名な『夜と霧』をはじめ『死と愛』の一部や『識られざる神』などを読み、人間が意味や価値に引き寄せられる存在であること、自己を超えて、他者や世界、神へと開かれた精神と自由を持つこと、実存のもっとも深いところに響く良心の声に耳を傾け、これに応えることができる存在であることを考えていく。

フランクルは、若い頃から人間にとっての意味の重要性を確信し、人間を無意識の衝動や社会的な力を求める志向性に駆り立てられる存在として捉える人間観や「生きることに意味などない」というニヒリズムに対して、終生、否を唱え続けた。私たちが衝動的欲求や力への志向性を持つことは事実であるが、だからといって常にそうした力に衝き動かされるばかりなのではない。人間は一つひとつの具体的な状況において、今この「私」によって実現されることを待っている意味や価値があることに気づき、自由をもって自らの態度を選びとることのできる存在である。フランクルはそう主張し、一貫して人間が持つ精神性と自由を、また人間にとっての意味の重要性を説き続けた。

自らがホロコーストのただ中を生き、あらゆる人間が悪人にも聖人のようにもなり得るという現実を見つめたフランクルが、精神科医として淡々と語ることばには、読者の魂の深みに響いてくる力と希望がある。ぜひ、学生一人ひとりが彼の著作にあたってじっくりと読んでみてほしい――そんな思いを抱いて、授業で取り上げている。

## 現代人の疲れ

学生たちの反応は、おおむね良い。現代人の多くが、自分はいったい何のために生きるのかがわからない「実存的空虚」に陥っているというフランクルの指摘に、敏感に反応する学生もある。私たちが自己を超え出ていく存在であることや、死を超える愛といった主題を自覚的に問い、考え始める学生もいる。

そんな中でこの数年、少数ではあるが必ず幾人かから寄せられる反応があり、気になっている。それは「フランクルが述べることはすばらしいと思うが、それぞれの状況でどのように応えて生きるかはその人しだいと切り捨てられているようで、気が滅入る」という反応である。

たしかに、フランクルによれば、それぞれの状況でどのように応えて生きるかは、その人しだいである。それは、与えられた状況をどのように受けとり、どんな態度をとるかという、自身の生の根本にかかわる自由を私たち一人ひとりが持つからであり、その自由は誰にも決して奪い得ないからである。だからこそ、誰もが飢えて食料の争奪戦が起きてもおかしくない状況で、自らのパンを他の人に差し出す人が現れるし、病ゆえに心身ともに非常に苦しい状態にある人が、そばにいる医師や付き添いの人を気づかって、自分自身に関することを後回しにする言動をとるということが起こり得る。フランクルによれば、そうした人間性は、人間が苦しみを苦しみとして経験することのできる存在であるからこそ可能になるものであり、人が個人の苦悩の中に他者とつながる道や意味を見出し、自己を超え出ていくことができるからこそ開かれてくるものである。フランクルの目は、そうした開きを持って「このようでもあり得る」人間の姿に注がれるのであって、決してそうできない人々を断罪するのではない。

ところが私たちの内には、そうした人間の崇高さに心揺さぶられると同時に、自分はそうした状況に置かれた時、フランクルが語るようにはできないだろうと先回りして考えて、自分はダメだとがっかりする傾きがあるらしい。何かにつけて「自己責任」が問われる社会に生きる私たちは「何かできないのはあなた自身の責任」、「あなたの問題」というメッセージを常に周囲から送られているように感じがちになっているのだろうか。あるいは、与えられる状況に日々まじめに応えてがんばる経験を重ね、すでにもうこれ以上がんばることができないほどに力を尽くし、疲れ、燃え尽きたようになっているので、さらなるがんばりを要求されているように感じると「気が滅入る」のかもしれない。

学生たちから寄せられる反応の内に、何か、現代日本社会を生きる私たちに共通する疲れや心性を感じとるたびに、このように疲れ、前に進む力を失いがちになっている私たちに、キリスト教は何を語りかけているだろうかとあらためて問い、考えることを迫られる。

## ヘンリ・ナウエンの苦闘

現代社会の中で、力を尽くしては疲れ、孤独や自らの弱さに向き合いながら生きた一人のキリスト者に、ヘンリ・ナウエンというカトリック司祭がいる。彼の著作の一つに『心の奥の愛の声』という書がある。同書の「まえがき」によれば、これはナウエンが「まるで自分の人生に意味を与えていたすべてを奪われて、目の前に見えるのは底なしの穴だけという気持ち」に陥り、「人生でもっとも苦しかった」時期に書かれた彼の日記に基づいているという。

現代キリスト教霊性の分野ですでに多くの著作を発表し、人々に神の愛や希望を伝えることのできる人物として知られていた彼が、五十代半ばにして「からっぽな自分と向き合ってしまった」経験。それは、一人の友との関係の破綻に端を発するものだったらしい。ナウエンは自分が拒絶され、見捨てられたという思いに打ち沈み、生きていても意味がないという気持ちにとらわれ、身動きがとれなくなってしまったと述懐する。

誰かと理解し合うことに失敗し、互いに傷つけ合う経験や、かけがえのない人との離別という、生きる意味の喪失とも言える出来事は、私たちの心にぽっかりと大きな穴をあける。その痛みの中で、私たちは茫然自失となり、時に嘆き悲しみ、時に悔やみ、時に怒り、苦悩する。ナウエンは、この痛みと苦しみの時を霊的同伴者のもとで祈りの内に過ごし、時間をかけてその痛みに向き合った。

## 愛に立ち戻る

ナウエンは自らに言い聞かせるように語る。「これまで自分が得たと思っていたものをすべて失いそうになっても、絶望してはいけない」と。なぜなら「すでに得たものは、なくなりはしない」のだから。誰かを通して彼に与えられた愛は失われることがない。その人を通して、自分が選ばれ、心をかけられ、愛されたという事実は否定されないのである。私たちはただ、誰かとの関係を通して受けとった愛が、それよりももっと大きな神の愛の一部分であることに気づく必要があるとナウエンは述べる。

私たちは自分で自分の人生をコントロールしたいという自立の欲求を持ち、自分の力で人に認められようとして外部から与えられる満足に期待したり、それに執着したりする。ナウエンはそうした自身の姿をふり返り、その根底に、自分自身に対する恥や罪悪感、嫌悪と、周囲の人々に対する恐れがあることを見出す。そうした内面の揺れ動きや恐れを直視すると同時に、彼は自らの心のより深いところに響く愛の声に耳を傾け続け、自身の痛みとキリストから与えられる慰めを涙の内に行き来しながら、もっとも必要なことは私たちに対する神の愛に立ち戻ることであるとあらためて気づいていく。彼は、「心の奥の愛の声」を聴いて「堅固な内心の基地」に立つことを、頭での理解だけではなく実存全体で「わかって」いくのである。

ご自分のすべてを与え尽くそうとされる神の愛という根本に戻る時、人生の道行きで私たちが経験する苦しみや痛みは、単に「私」から大切なものが奪われる苦悩の経験としてではなく、誰かの苦しみや痛みに触れ、つながる可能性に開かれた機会となる。「ほんとうに苦悩が癒（いや）されるのは、自分独自の苦悩が人類の苦悩の一部であることを悟ったとき」だと、ナウエンは言う。

ナウエン自身は後に、彼が経験した苦悩の時期が「新たな心の自由と新たな希望、そして新たな創造性へと私をすこしずつ導いた激しい純化の時期として眺めることができた」と述べる。長い時間をかけて暗いトンネルを進むような歩みであっても、その中でたえず心の奥の愛の声に耳を傾けることを通して、私たちは自らの「基地」を確認し、悲しみの中に立つことを覚え、人々の苦しみや痛みとつながっていることに気づき、涙と感謝をもって少し前に進むことができる。私たちはいつでも、喜びを選ぶことができるのだとナウエンは語るのである。

## パウロの苦難と慰め

パウロは「いつも喜んでいなさい。絶えず祈りなさい。どんなことにも感謝しなさい」（一テサロニケ5・16―18）と述べた。パウロよりもずっと後の時代に生きる私たちは、パウロも、また教会も、苦しみや悲しみ、痛みが何もないところで「いつも喜んで」いることができたわけではないことを知っている。パウロ自身が「苦労したことはずっと多く（中略）死ぬような目に遭ったことも度々でした」（二コリント11・23）と述べるように、彼は福音を告げ知らせては人々から拒絶され、「同胞からの難、異邦人からの難」、さらに「偽の兄弟たちからの難」に遭い、飢え渇きや寒さ、さらに「日々わたしに迫るやっかい事、あらゆる教会についての心配事」（同11・26―28参照）を抱えながら信仰を生きた。

かつて熱心に律法を学び、キリスト者を迫害する者の一人であったパウロは「同胞」ユダヤ人の社会からも、キリスト者「兄弟たち」からも受けいれられず、疎んじられた経験が無数にあったに違いない。パウロ自身にも、一人の人間としてのさまざまな弱さがあっただろう。かつて迫害者であった彼が一転してキリスト者として歩み始めた、その最初期からパウロとともにいて同労者として歩んだバルナバとの決裂など（使徒言行録15章参照）、パウロ自身が信ずるところに熱心になるあまりに非寛容になったり、相手を激しく攻撃したりして対立を深刻にしてしまうことがあったのではないかと邪推したくなる点もある。それでも彼が書き送った書簡のさまざまな箇所から私たちが明らかに知るのは、パウロが決して教会共同体と人々に心を閉ざしてかかわりを断ってしまうことなく「恵みと平和が、あなたがたにあるように」（一テサロニケ1・1）と祈り、経験される現実の中に善いものを見出しては感謝し、人々の間に分裂があると聞くと心を痛めて助言し、キリストの愛に結ばれて教会と人々を愛してやまなかったことである。

パウロは個人としても「一つのとげ」（二コリント12・7以下参照）と表現せざるを得ないような、何らかの苦しみと痛みを抱えていたと思われるが、そうした数々の試練や苦難の中でも彼は「落胆しません」（二コリント4・1）と述べる。彼は言う「わたしたちはいつもイエスの死を体にまとっています、イエスの命がこの体に現れるために」（同4・10）。パウロにとって、イエスの十字架とその愛ほど確かなことはない。パウロ自身が経験するさまざまな苦悩や疲れ、孤独と悲しみは、決して彼個人のものとして経験されるのではなく、キリストとともに、人々のためのものとして経験されることを通して、その内に慰めのある経験となったのだろう。私たちが自分の力で何かを成し遂げるのではない。むしろ、力のない「私」を通して「イエスの命がこの体に現れる」ことが恵みとして起こり得る。

だからこそパウロは「わたしは弱いときにこそ強い」（同12・10）と言うことができたのではないか。

## 愛に生かされた選び

私たちが苦悩するしかない経験の中で、フランクルが語ったように、意味や価値の実現に向かって自己を超え出ていく生き方を選ぶことができるとすれば、それは私たち自身の力によるのではない。キリスト教信仰によるならば、私たちがそのように自己を超え出ていくことができるのは、ご自身を与え尽くす愛をもってすべてを人間に与えようとされた神によって可能になる、恵みである。その原点に戻るならば、私たちはそうした力が自分にないことを思って「気が滅入る」必要などまったくないことがわかる。

日々のさまざまな経験の内に良いことを見出し、喜びを選ぶとは、根本的にはイエスの十字架と愛に立ち戻ることであり、そうして「心の奥の愛の声」に耳を傾けながら現実の内に立ち、ともに生きるようにと与えられた人々への開きと交わりを大切にしていくことであるだろう。その恵みの温かさを、大事にていねいに感じたい。

# Ⅱ ともに歩む道――キリストのうちに

# 7　愛といのちの絆を生きる

## 一枚の写真

　自宅の仕事机の脇に、一枚の写真を置いている。昭和三十年代に撮影されたと思われる、白黒の写真。写っているのは、木造の小さな家を背にして、互いに少し身を傾けるようにして寄り添いほほえんでいる、着物姿の祖父母である。どのような機会に撮られたものかは知らないが、ごくありきたりな日常の中で息子か娘かに促され、ふだん着のままちょっと家から出てきて二人で写真に収まったといった風情で、二人とも自然で柔らかな表情を浮かべている。祖母は私の記憶にあるとおりの優しいまなざし。一方の祖父は「寡黙で気難しい人」という私の記憶とは異なり、柔和な雰囲気で、いかにもいとおしい者をいたわるかのように自らの半身を祖母の後ろに置いて、彼女をそっと支えるかのようなたたずまいを見せている。

　孫の私にとっては懐かしくもあり、少し意外でもある、祖父母の夫婦としての姿。かつては懐かしさゆえに好きだったこの古ぼけた写真を、最近はふと、別の思いで眺めることがある。戦中戦後の厳しい時代を夫婦として生き、空襲で焼け出されて家財産をすべて失い、祖父が結核をはじめ数々の病を患い、さまざまな苦労を重ねながら三人の子を育て、ともに歩んだ二人。彼らの苦労の多くは、当時では多くの人が経験したものだっただろう。しかし、この写真に二人並んで収まるまでに、彼らは夫婦としてどのように「順境にあっても、逆境にあっても、病気の時も、健康の時も、互いに愛と忠実を尽くし合い、二人が一体となって」（カルメロ神父編『カトリック祈祷書　祈りの友』「夫婦の祈り」参照）生きてきたのだろう。「その時は必死で、そんなこと考える余裕もなかったわ」と言う祖母の声が聞こえてきそうなのだが、写真の二人からは何か、長年の歩みを通して「二人が一体となった」と言えるような、夫婦としての個性というか、味わいというか、互いが伴侶をよく知り、自然にいたわり合う温かさと親しさとが感じられて、話を聞いてみたくなる。

## 愛の三角理論——現代の心理学から

愛にはさまざまな形がある、とアメリカの心理学者R・スタンバーグは言う（*The Psychology of Love* 参照）。彼は、人々が日常生活の中で抱いている愛の概念を調査するなどして、愛の三角理論なるものを打ち出した。スタンバーグによれば、愛は三つの要素から成るものとして理解される。そして、その三つの要素のそれぞれを頂点とする一つの三角形をイメージすることで、さまざまな愛の形を考えることができると言う。

愛の三角形を構成する三つの要素とは、親密さ（intimacy）、情熱（passion）、関与・コミットメント（commitment）である。親密さとは、関係における親しさや近しさといった意味で、愛する人とともにいる幸福感や、愛する人の安寧を求める思いなどを含んでいる。情熱は、性愛など、愛する対象との合一を望むエネルギーを含むものであり、関与・コミットメントは、誰かを愛すると決める意志の働き（決断）と、その愛を保ち続けるための関与（行動）を指している。

スタンバーグは、これら三要素の組み合わせによってさまざまな形の三角形を考えることができると言う。たとえば、親密さのみで情熱とコミットメントがほとんどない「好意」（「好き」という状態）。また、情熱のみで親密さやコミットメントを欠く「のぼせ上がり」。コミットメントのみで親密さや情熱がない「空虚な愛」。さらに、親密さと情熱は大きいがコミットメントが小さい「ロマンティックな愛」、親密さとコミットメントが大きく情熱が小さい「友愛」、情熱とコミットメントだけで親密さのない「愚鈍な愛」。三つの要素すべてを欠いた状態であれば、そもそも三角形が存在しない「愛ではない状態」であるし、三要素すべてを豊かに持つと「完全な愛」の三角形となる。

この三角形は一つの関係において常に同じ形であるのではなく、さまざまな形に変わりゆく可能性があり、日々、手入れし良く保つ努力を必要とするとスタンバーグは言う。たとえば親密さは、本書5章にも見たように、心を開いてありのままの自己を語り合い、聴き合い、自分も変えられていくような対話を重ねることを通して深まっていく。逆に、二人の間で互いに心を開く対話が絶えてしまうと、いつしか親密さが失われるか枯渇するかして、愛の三角形は細っていき、「空虚な愛」の形になってしまう。

### 神の愛の次元への開き

愛の三角理論は、私たちが経験する具体的なかかわりを整理して理解するための手がかりを与えてくれる。たとえば、「好き」や「のぼせ上がり」が正三角形の豊かな愛につながっていく可能性を持つとしても、そうした愛とは異なるものであることや、どんなに「完全」に見える愛も、何もしなければその形が保たれずに細りゆくものであることに気づかせてくれる。しかし、長年の経験や数々の試練を経て熟成され、まさに二人が一体となったような夫婦の愛の絆の深まりや、信仰に基づく夫婦の愛の形については、どのように理解すればよいのだろうか。

マルコ福音書は、夫から妻を離縁することが律法に適っているかどうかを尋ねてイエスを試そうとしたファリサイ派の人々にイエスが答えて、「天地創造の初めから、神は人を男と女とにお造りになった。それゆえ、人は父母を離れてその妻と結ばれ、二人は一体となる」と言われたと伝えている（マルコ10・6－8参照）。移ろいやすい人間の思いにもとづいて夫婦の関係を捉えるならば、愛の三角形が形を変えて細ってしまうと、その細さやもろさ、不完全さばかり目についてしまう。そしてその人間的な力関係の中で、ちょうどファリサイ派の人々がイエスを試す問いを投げかけた当時そうであったように（同10・2参照）、その社会で力を有する人々の都合で一方的に離縁することが正当化されることになりかねない。

しかしイエスは、人間的な思いで夫婦の愛を捉えている人々の目を、まず神による人間の創造へとさし戻す。つまり、一人ひとりが神の似姿として、神の愛に自由に応える存在として、神の対話の相手として造られた存在であるということ。男女がともに生きるパートナーとして、恵みとして、その存在を与えられているということ。イエスはこの原点に立ち戻って、人々がいわば平面的に「愛の三角形」を見るその見方に、本来忘れられてはならない神の愛という垂直の次元を回復させ、その愛の広さと深さに人々の目を開くのである。

## 愛といのちの共同体への招き

現代の教会は、結婚と家庭について、それが「誓約、すなわち取り消しえない主体的同意を基礎」（『現代世界憲章』48）とする、愛といのちの共同体であり、夫婦は互いに助け合い、仕え合って「自分たちが一つであることの意味を体験し、日々ますますその一致を完成させてゆく」（同）ものであると教えている。そして夫婦は「自分たちの全生活に信仰と希望と愛を浸透させるキリストの霊に満たされて、ますます自己の完成と相互の聖化に進み、こうしてともに神の栄光をほめたたえるようになる」（同）ことへと招かれており、「喜びと犠牲を伴う自分たちの召命の中で、主がご自分の忠実な愛を通して死と復活をもって世に啓示した愛の神秘をあかしする」（同52）よう望まれている。

『現代世界憲章』やヨハネ・パウロ二世による使徒的勧告『家庭』に込められている豊かな神学をここで網羅することはできないが、夫婦の歩みに注目すると、次の三点を挙げることができるだろう。第一に、一人ひとりは固有の存在として神によって創造された人格であり、その主体的な存在である二人の人間が、相互の愛と忠実による交わりを通して一つの人格共同体となるように召されているということである。第二には、その夫婦の歩みは絶えずキリストに結ばれて、互いに相手を賜物として受けいれ、自らを与え合い、仕え合って生きる、愛と忠実の生であるということ。そして第三には、そのような夫婦の絆とそれにもとづいて築かれた家庭は、夫婦間だけのかかわりに閉じてしまうことなく、愛といのちの共同体として、この世界の中で神の愛を証しするものとなっていくことである。

## 「一つの体」となっていくこと

聖書は繰り返して、ご自身を与え尽くすほどに人間を愛する神の姿を告げている。その神の深い愛に立ち戻り、今一度、人間が神の似姿として創造されていることを思い起こす時、私たちはこの「私」という存在を受けいれ、生涯をかけてこの「私」とともに歩む誓約を交わして人生の旅路を行く伴侶に恵まれることのありがたさを、あらためてかみしめる。この一人の人を通して、神はどれほど「私」への愛を告げ、語りかけてくださっていることだろう。この「私」はどれほど深くゆるされ、この伴侶とともに、助け合って神の愛と語りかけに応えることを待ち望まれていることだろう。

一人ずつが独立した人格である二人が「一体」となっていくことは、それぞれの人生に起こる出来事を、夫婦の人生に起こる出来事として二人でともに受けとめ、応えていくことから始まるように思う。一つの出来事を二人でともに受けとめ、祈りと対話を重ねながら、その夫婦なりの応え方を探していくこと。そのように夫婦がともに神の前で祈り、悩み、語り合うことができることをいつも感謝していること。そして、互いに相手の深いところにある痛みや苦しみ、求めに対して「自分はわかっている」と思わず、いつでも感受し応えられるように、開かれていること。そうして二人が日々、愛に生かされながら相手のために自分を差し出していくことを通して、二人は一つの人格共同体となっていくのだろう。

## キリストにおける夫婦の絆と家庭

夫婦が互いに「愛と忠実を尽くし合い」と言われる際の「忠実」とは、単に不義を働かないことに限られるのではない。「忠実」とはむしろ、この二人が一つの人格共同体であることを自覚的に生きることではないだろうか。つまり、「キリストに結ばれた一つの体」（ローマ12・5参照）として、二人が相手を自分の体の一部のように感じながら、二人で一つの体として、この体を「神に喜ばれる聖なる生けるいけにえとして献げ」る（同12・1）べく生きること。より具体的には、夫婦のかかわりの中で、「私」とは別の人格である相手を恵みとして受けいれ、喜び、その相手のために「私」を開き、相手と「私」をともに呼ばれた神に「私たち」をゆだねつつ、信頼をもって常に相手のためにいることと言ったらよいだろうか。それは、日々の生活の中で、相手の内に神の働きを見出す恵みを願いながら、そして相手のために祈りながら、感謝して生きることでもあると思う。

私たちがともに弱さや傷を持ち、自分の力ではどうすることもできないような難しさを抱えて途方に暮れたり涙したりするしかない存在であることを、互いに知りつつ、それを静かに受けとめ、ともに神にゆだねて歩み続けようとすること。当人同士と神以外には知り得ないような、そうした日々の地道な営みを通して、夫婦や家族の絆は、他に代えることのできない愛といのちの絆として深まっていくのではないか。

日々そうして温められ、鍛錬され、時に思わぬほころびが生じてもていねいに繕われ、大切にされてきた絆を持つ家庭は、人が安心してそこに戻り、そこで安らぎといのちを与えられて、もう一度、人々や世界へと送り出されていくようなホームベースとなり、「愛といのちの共同体」となる。

思い出してみると、祖父母の家は私にとって、そのような家だった。親と一緒に住む自分の家ももちろんそうであったが、親に叱られた時にも、親には言いづらい悩みを抱えていた時にも、ただただ一人になりたかった時にも、祖父母の家に行くと、祖父母は温かく迎えいれて話を聞いてくれたり、そっとしておいてくれたりした。そして、祖父母の家にはそうしたお客さんが、大人も含めてよく来ていた。

今、自分の家はどうかと問うと、これは赤面するしかない。鍛錬の真っ最中かもしれない。ただ、いつか、神が私たちのこの「体」をおおらかに受けとってくださるに違いないことを信じて、祖父母が寄り添う古い写真を眺め、その取り次ぎを願い祈りながら、日々奮闘している。

## 8　ともにする食事

### 「あーん、おいしいよ！」

青空の下でのピクニックは楽しい。都心にある小さな公園でも、天気の良い週末には、芝生の上でお弁当を広げる家族連れや、水筒や本を片手にのんびりと日光浴する人の姿があちらこちらに見られる。私もふと足をとめてベンチに腰かけ、ひと時を過ごしてみる。鳥のさえずりや子どもたちの声、木々の葉を渡る風、土の匂い、ようやく歩き出したばかりのように見える小さな子がうれしそうに手をふって歩く姿。閉ざされていた五感が呼び起こされ、開かれていくかのような感覚と、静かな喜びが自分の内に広がっていく。

一組の親子連れが、お弁当を広げていた。小さなおにぎりを、お母さんがさらに小さく一口サイズにして子どもの口に運んでいる。食べさせてもらった子どもが小さな手をほおに持っていってパタパタしていると、お母さんもにこにこして「おいしい、おいしいね」と声をかける。そのやりとりを、傍らでもっと大きなおにぎりを手にしたお父さんや、おばあちゃんらしき人がほほ笑みながら見守っている。しばらくすると、子どもがお弁当箱の中をのぞきこんで、自分で何かをつかんで口に運び始めた。頭からお弁当箱に突っ込んでいきそうなその姿勢がかわいらしい。

そのまま見ていると、その子は、今度は自分の手につかんだ食べ物をお母さんの口に持っていって「あーん」と言って食べさせようとしている。お母さんは笑いながら「はい、あーん」と言って口を開けて食べさせてもらっている。お母さんが食べるのを確認するかのようにじっと見ていた子どもは、お母さんと見つめ合うと、にこーっとしてから声をあげて笑い、さらにお父さんやおばあちゃんにも食べさせてあげようとする。お父さんもおばあちゃんも、思わず目尻を下げて順番に「あーん」と口を開けては、皆で笑っている。

## ともにする食事と他者の心の発見

子どもが母親などの親しい人の口に食べ物を運び、食べさせようとする行為は、月齢十カ月くらいから見られるという。発達心理学的には、それは「自分」「他者」「もの」という三項間の関係が認識されるようになったことを示しているとされる。すなわち、それまではおもに、自分と他者（たとえば母親）、自分ともの（たとえば食べ物やおもちゃ）という二項間の関係を、そのときどきに経験し認識するに留まっていた子どもが、発達とともに、他者も自分と同じように何らかのものに関心を寄せたり注意を向けたりしていることを知る。そして、相手と見つめ合う関係から相手とともに同じものを見る関係へと進み出ていく。言わば「もの」を通してその先に他者という人格や相手の心が存在することを発見し、他者とともに生きる世界へと踏み出していくのである。

自分が「おいしい」と思ったり「からい」と思ったりする食べ物について、相手もやはり「おいしい」と思ったり「からい」と思ったりするということの発見。そして、その「おいしい」ものを相手にも分けて食べさせてあげると、皆が喜ぶという体験。公園で出会った幼子は、それをまずお母さんとのかかわりの中で確認し、その後、お父さんやおばあちゃんにも同じようにして確かめてみたのだろう。食べることを通して皆がつながっている。それを経験した幼子は、大人とともに声をあげて笑い、喜びを全身で表している。

人間は、食べ物を料理することと、ともに分かち合って食べることとの二つの点で、他の動物とは大きく異なるという。料理する時、私たちは食べる人のことや食材、食事の時や場所、集いの趣旨などを考えて、その時、その機会にもっともふさわしい食事を準備しようとする。そしてその準備を経てともに食事する時には、「いただきます」と言って恵みに感謝し、今その席をともにすることのできない人についても思いを致しつつ、心を開いて恵みを分かち合う。料理することにおいても、ともに食事することにおいても、相手を含む他者のことを慮り、その人のために心をくだくことは、人間の食事に欠くことのできない重要な要素である。

先の親子連れも、親が公園でのピクニックのために作ったのであろうおにぎりを、家族が一緒に食べていた。そして、そのかかわりの中で、幼い子どもは自分も食べ物を差し出す側に回ることを習い、それを自発的に実践してみて、大人とともに喜びに満たされる経験をしていた。

人間にとって、ともに食事をするということは、いかに幼い頃から人と人とのかかわりを確かめ、絆を深め、根源的な喜びをもたらすものであることか。考えてみると、私たちは生まれて間もない頃から、お乳を与えてくれる母親や養育者との間で目と目を合わせて食事をし、相手とかかわりながら歩んできたのだ。子どもが「あーん」と言いながら大人の口に食べ物を運んでは相手と見つめ合って笑っている姿を見ていると、人間は食事することにおいて、ただ単に食物を摂取するだけではなく、自分がかかわりの内に生を与えられていることを確認し、その関係性を深めながら生きる存在であることを確信する。

## 二つの食事会

さて、食べることに注意しながら聖書を読んでみると、福音書には実に多くの箇所で食に関する言及がなされていることに気づく。マルコによる福音書6章では、二つの食事会の様子が対比的に語られている。その一つはヘロデ王が自分の誕生日の祝いのために設けた宴会（21－29節）であり、もう一つはイエスが彼とその弟子たちを追ってくる人々を見て、この人々のためにパンを与えた出来事（30－44節）である。

ヘロデの宴会の記事は、その前後をイエスによる弟子たちの派遣（6－13節）と帰還（30節）の記事に挟まれる形になっている。弟子たちがイエスのわざを継承し、福音を宣べ伝える間にも、世界では闇の力が働いていることを示唆しているのだろうか。ヘロデの宴には「高官や将校、ガリラヤの有力者など」（21節）が招かれる。政治的な権力を誇示することによって自分が何者かであることを確認しようとする人間と、そうした権力者と関係を持つことによって自分も何らかの利を得ようとする傾きを持つ人間。「力への意志」が渦巻く宴会で、人々は何を分かち合ったのだろう。

ヘロデ自身は、洗礼者ヨハネが「正しい聖なる人であることを知って」「その教えを聞いて非常に当惑しながらも、なお喜んで耳を傾けていた」（20節）と言われる。ところが、そうした彼の実存の深みにかすかに響いてくる良心の声に心を開いて聴き従うことなく、彼は、客人の前で威勢よく言い放った自分のことば（ヘロディアの娘に対して、彼女が望むものを何でも与えようと述べたこと）に縛られて、自らの体面を保とうとしてその我欲の声に引きずられてしまう。洗礼者ヨハネを恨み、亡き者にしようとするヘロディアの策略を拒むことなく、彼はヨハネを死に追いやってしまった。

ヘロデの誕生日の宴には、たくさんのごちそうが並んでいたのかもしれない。しかし、いのちを喜び祝うはずのその宴は、恵みを分かち合って皆が一致し満たされる集いではなく、人と人、人と神とのかかわりに破れをもたらす、死の宴となってしまった。

## イエスのまなざし

一方、イエスのもとに戻ってきた弟子たちは、しばらく休みをとろうと人里離れた所へ出かけていく。ところが大勢の群衆が彼らを追いかけてやって来る。その「飼い主のいない羊のような有様」(34節)を見て、イエスは、この大勢の人々の寄る辺なさや渇きを、痛みを覚えるほど感じ取ったのだろう。深く憐れんで、この人々に向き合い、教え始める。しばらくして食事を心配した弟子たちが、人々を解散させてくださいとイエスに述べると、イエスは「あなたがたが彼らに食べ物を与えなさい」(37節)と言う。弟子たちの動揺は、想像に難くない。せっかく休みにやってきたというのに。そもそもこの人里離れた何もないところで、どうやって自分たちがこんなに大勢の人々の食事を準備するというのか。無理、無理……。

マルコによる福音書はそこで、イエスが人々を組に分けて、青草の上に座らせるように言われ、人々は百人、五十人ずつまとまって腰を下ろしたと述べる。「まとまって」と訳されている語は、原語では、花壇に植えられた花々が整然と列をなしている様子を意味するらしい。福音書記者が意図的にこの語を用いたのかどうかはわからないが、イエスの眼に、人々は、大切に手をかけて育てる愛らしい花々のように映っていたのかもしれない。

弟子たちが人々に向けたであろうまなざしとはずいぶん違う、イエスの慈しみのまなざし。そのまなざしを受けて、この人里離れた荒れ野に現れた花壇は、青草の上で、いのちを喜び祝う園となる。

## 主の食卓

弟子たちが差し出すことのできたのは、五つのパンと二匹の魚というわずかなもの。差し出す弟子たちには、「これではどうにもならない……」という心配や、そのわずかさを知るからこそ神により頼む、信頼もあっただろう。そうした思いもあわせて、イエスは差し出されたものを受けとられたに違いない。そして彼はパンと魚を取り、賛美の祈りをささげ、「パンを裂いて、弟子たちに渡しては配らせ、二匹の魚も皆に分配された」(41節)。

そのまなざしの中で人々を花壇の花々のように見たとしても、イエスは上から一律に水を注ぐように人々に接したのではない。むしろ、自らが水そのもののようになって、その小さな花一つひとつの生きた糧になろうとされた。それほどまでに、人々に心をかけた。実際にイエスが人々と食事をともにした出来事と、十字架に至るまで自らを与え尽くす愛を生き、その生と死と復活を通して示された救いのわざとが次第に重なって語られるようになったのは、ごく自然のことだったのだろう。福音書では、最後の晩餐の箇所で語られるのと同じ文言が、この野天の食事会の箇所にも響く。イエスはパンを「取り」「賛美の祈りを唱え」これを「裂いて」弟子たちに「与えた」。

そのようにして与えられるパンを受け、食べる交わりは、人々のために自らを与え尽くしたイエス自身を受け、いただき、その交わりの内に一致して生かされる出来事となる。弟子たちの手を介して皆に分配される、このいのちの糧を受けて、人々は皆、満たされたと福音書は述べる。

ヨハネによる福音書はさらに、「わたしは命のパンである」というイエスのことばを伝え、「このパンを食べるならば、その人は永遠に生きる。わたしが与えるパンとは、世を生かすためのわたしの肉のことである」と言う。そしてさらに「わたしの肉を食べ、わたしの血を飲む者は、いつもわたしの内におり、わたしもまたいつもその人の内にいる」と語る（6・48、51、56）。「わたしの肉を食べ」ということばの中の「食べ」は、バリバリとかみ砕いて食べるという意味の語が用いられ、主の食卓に何か上品で平和な食事会をイメージする者にとってはつまずきになりかねない表現で、このいのちのパンを食べることの意味が語られる。実際、このことばをきっかけとして、多くの人々がイエスのもとを去っていったとヨハネ福音書は語る。それでもなお、このいのちのパンがキリストの十字架上での死を通して与えられていることと、その死に結ばれて、恵みをかみしめ、咀嚼（そしゃく）して、生かされる時に私たちが真に生きることを福音書記者は伝えたかったのだろう。

### 恵みといのちを分かち合う共同体

私たちは赤ちゃんの時から、親や養育者と目と目を合わせて食事し、お互いの存在とその大切さを確認し合い、かかわりや信頼を深める経験を重ねて育つ。ともに食事をすることを通して、恵みを分かち合う喜びを味わい、感謝をささげ、また、今、目の前に一緒にいない誰かのことをも覚えてともに祈るようになる。

主の食卓にあずかる者は、自分と他者とものという三項関係に留まるのではなく、すべてのいのちの源泉である方に戻って、いのちのパンを食べ、新たにその糧に生かされることへと招かれている。その味わいを日々深め、幼子のように素朴に、いただく恵みを目の前の誰かに差し出し、ともに喜びにあずかる交わりを、大切にしたい。

# 9　家庭と祈り

## マリアさまへのお祈り

どういう由来かは知らないが、皆に「トト」と呼ばれている甥（おい）がいる。カトリックの幼稚園に通っている。ちょっと人見知りのところもあるが、家族の中では大いにその腕白ぶりを発揮する。利かん気で、いっときもおとなしくしていない。おばあちゃんの家にやって来ると、そこら中走り回って次々に物を壊し、まるで台風襲来といった騒ぎになるので、おばあちゃんはトトをかわいがりながらも「この子はいったい誰に似たのかしら」などと言う。

そのトトが、おばあちゃんの家にやって来て最初にすることと言えば、「マリアさまへのお祈り」である。皆があいさつしたり、お茶をいれたりしてそわそわしていると、トトは少しも待てない様子で、「マリアさまにお祈りは？」「ねぇ、マリアさまにお祈りしに行こうよ」「ねぇ、お祈り」と訴える。まず皆でマリアさまにお祈りをしないと気がすまないのだ。幼稚園でいつもそうしているのだろうか。

もっとも、おばあちゃんの家は仏教なので、「マリアさまへのお祈り」は仏壇の前ですることになる。家族全員が仏壇の前にお行儀よく座り、ろうそくをつけて、お線香をあげてから、手を合わせる。少しの間訪れる、静かでやわらかな時間。トトのパパが、慣れない調子で短いお経をあげ、それが終わるとトトの番になる。「マリアさま、元気です。ありがとう」。最後に皆でまた拝礼をして、子どもたちがそっとろうそくを消して、おしまい。おばあちゃんがよいしょと立ち上がろうとする頃には、トトはもう何か遊びを見つけて動き回っている。

## 子どもの神への近さ

トトの言う「マリアさまへのお祈り」は、仏教とキリスト教とがごちゃ混ぜになった、変わった祈りだけれど、トトにとっては、お祈りはお祈りであって、仏教もキリスト教もないのだろう。やんちゃ坊主の彼が、まず皆で一緒に祈ることを求め、彼自身も素朴な感謝の祈りをささげるのを目の当たりにすると、子どもが何か、神との特別な絆や親しさを与えられていることに気づかされて、うれしく、ありがたい思いに満たされる。

モンテッソーリ教育理論に基づく宗教教育を長年にわたって実践したS・カヴァレッティは、子どもたちには元来、宗教的なものに向かう心が備わっていると述べる（『子どもが祈りはじめるとき』参照）。慈しみをもって自分を守ってくれる誰かがそばにいて、その愛の内に安んじていられるということを、心と体のすべてを通して知ることは、子どもたちにとって、いのちにかかわるほどに重要である。その求めは、心理的というよりもむしろもっと深く根源的なものであり、生命的・宗教的なものである。そうした子どもの求めに、深い尊敬と誠実さと謙遜をもって応え、子ども一人ひとりが神と人とのかかわりを深めていくことを導き支えるのが宗教教育の根本だろう。

カヴァレッティは、子どもたちが国や文化の違いにかかわらず、良い羊飼いのたとえ（ヨハネ10章、ルカ15章参照）に喜んで耳を傾け、羊飼いの人形などで作られた教具があれば、それらを自分で繰り返し動かしてこのたとえ話を楽しみ、理解することを報告している。このたとえで語られるのは、一匹一匹の羊を大切にし、その名を呼んで世話をし、いなくなれば見つけるまで探して、自らのいのちを差し出すほどに羊を愛する羊飼いの姿であり、そのようにご自分のいのちを与える神の愛と慈しみである。私たち一人ひとりをその名で呼び、知り、守り、慈しみの内に導いてくださる方がおられるということ。そして、その方はすべてを与え尽くすほどに私たちを愛し、いつでもそばにいてくださるということ。その二つのことを、子どもたちは容易に理解し、大きな喜びをもって受けとめるとカヴァレッティは言う。

子どもたちがすでに持っている、神に向かう心や神との親しさを大切にするということは、子どもたちの内に働いている聖なる息吹（聖霊）に対する尊敬と信頼をもって一緒に歩むということであるだろう。子どもと一緒に祈ることは、子どもが持つ「神さまとなかよくなれるように手伝ってね。私がほんとの私であるように助けてね」（同書）という求めに応えることだとカヴァレッティは述べる。

## 子どもと祈り

子どもの発達段階を考え合わせた上で、あらためて子どもにとっての祈りについて考えてみると、祈りの経験に含まれるいくつかの要素が、子どもたちにとっても重要な意味を持っていることに気づく。

第一に挙げられるのは、静けさである。遊ぶことが仕事とさえ言えるような、活動的エネルギーに満ちた子どもたちの様子を思い浮かべると、やや意外な感じを抱きがちだが、子どもは静けさを好む。そして、その静けさの中で生まれる心の静まりは、大切な一つのことに集中する落ち着きを子どもたちに与える。トトのように、普段はいっときもおとなしくしていない子どももまた、手を合わせて祈る、静かなひと時が大好きなのだ。子どもたちは、自らを静めて何かを受けとる、天性の素質を与えられているように見える。

第二には、目に見える具体的な物に触れることを通して、目に見えないものや価値に触れる「しるし」性と言ったら良いだろうか。子どもたちは、祭壇や祈りの場のろうそくをともしたり花を活けたりすることが好きだ。普段は触らせてもらえない物も、祈りが大切であるからこそ、「ふざけずにきちんとするなら」という条件で特別に触らせてもらえる。その特別な許可や使命を敏感に感じとって、子どもは自らの手を使い、心を集中させて具体的な物に触れ、神さまへのささげものを準備する。小さな花をそっと祭壇に置いたり、ろうそくをともしたりする表情は、真剣でうれしそうだ。

第三に挙げられるのは秩序の感覚である。家や幼稚園などの生活空間の中に、祈りのために特に大切にされる場所があり、そこで十字を切り、手を合わせ、お祈りを唱える。そうした一連の所作やことばがいつも決まった順序で繰り返され、その繰り返しを通して自分も型を身につけていく。そうした型や秩序は、あらゆるものが変化し流れ去っていくように見える日常生活の中で、変わらないものがあることの気づきを促し、子どもにも大人にも、安定感を与える。

その安定感とつながっている第四の要素が、大きな力で包まれ、保護されているという温かな感覚と信頼感だろう。親や親しい大人とともに祈る時、子どもたちは、今自分と一緒に祈り、自分のことを心にかけ、見守ってくれている大人たちとつながっていることを感じ取る。そのぬくもりと慰めに満ちた感じも経験するだろう。そして、自分が信頼する大人たちが信頼を込めて祈り、向き合う神とのつながりを経験する。

トトのように「元気です。ありがとう」と感謝を表したり、病気の友や苦しみの中に置かれている人のことをお願いするといったことを通して、子どもはいつでも安心して語りかけてよい相手（神）がおられることを知り、この方と「仲よく」なっていく。神とのそうした親しいかかわりや語らいを通して経験される、温かく包み込まれている感覚は、子どもの内に希望を育んでいく。

## 子どもであること

私たちは誰もが、子どもとして人生を歩み始める。イエスも幼子として生まれ、ナザレで育ち、「たくましく育ち、知恵に満ち、神の恵みに包まれていた」（ルカ2・40）。子どもであることは、どのような意味を持つのだろうか。

子どもは、たった一人で生きていくことはできない。誰かに支えられ、与えられる恵みをただ受けとって、誰かが差し出してくれる心配りや愛に信頼して、生きる。そうした他者に対する開きと信頼とは、人間が人間として生きることの本質をなすものであるだろう。

もちろん、常に愛に満ちた心配りが差し出されるわけではない現実が、残念ながら存在する。イエスはその誕生の時から、安心して一夜を過ごせるような宿を差し出されることがなかった（同2・7参照）し、自分の地位を守るためには幼子たちのいのちを奪うことをも辞さない為政者が力を振るう、不条理のただ中を生きた（マタイ2・16－17参照）。子どもが、そしてすべての人間が、小さな存在であるからこそ、お互いの助けを必要とする。福音書は、そうした小さな者の不安や痛みのただ中に神が入ってこられ、その痛みを担い、救いのわざを始められたことを告げている。

ルカによる福音書はまた、少年イエスが過越祭に両親とともにエルサレムに上っていった時の話を伝えている（2・41－52参照）。イエスは親や親戚の人々とともに祈る習慣の中で育った。「両親は過越祭には毎年エルサレムへ旅をした」（2・41）と言われる。両親はその信仰を自らの生きざまを通して子に伝え、子は与えられるものを受けとりながら育つ。イエスの育った家庭においてもまた、実直に神に従って生きたヨセフと、生涯を通して「お言葉どおり、この身に成りますように」（ルカ1・38）と神に応え続けた母マリアが、その日々の暮らしや祈り、かかわりを通して、少年イエスに多くを伝えたことだろう。

ただ、先に見たカヴァレッティが宗教教育とは「神さまとなかよくなれるように手伝ってね。私がほんとの私であるように助けてね」という一人ひとりの子どもの声に応えることであると述べたとおり、神とのかかわりそのものは、一人ひとりがまわりの人々に助けられながら築いていくものである。精神医学者V・フランクルは、親といえども決して彼の子どもの創造者ではなく、一人の人格がその実存の深みにおいて聴きとる超越からの声に一つひとつ自由に応えていく際に実現していく「奇跡」をもっとも近くで見て証しする、一人の「証人であるにすぎません」（『識られざる神』参照）と述べる。

ルカ福音書が伝えるエルサレムの神殿でのイエスの物語は、イエスがヨセフとマリアとともに家庭で祈り、その信仰を受けとり、「神と人とに愛され」（2・52）育ったことを告げると同時に、イエスが父である神との特別な親しさとかかわりを生き、それを他の何によっても揺るがされないものとして生きたことを告げているだろう。イエスは一人、神殿に残る。そして、心配して彼を捜しまわった母に対して「わたしが自分の父の家にいるのは当たり前だということを、知らなかったのですか」（2・49）と言ったと語られる。

## 祈りの共同体

「見よ、兄弟が共に座っている。／なんという恵み、なんという喜び」（詩編133・1）。トトに促されて家族全員で「マリアさまへのお祈り」をささげる時に、私がたびたび思い起こす詩編である。子どもたちの教育や信仰の継承といったことを考える視点に立つと、つい子どもが神との間に親しいかかわりを築いていくためには親や大人が子どもと一緒に祈ることが大切であると言いたくなる。それは確かに正しいが、神とのかかわりを築くのは、一人ひとりの人格である。一人ひとりに実現していく「奇跡」を、尊敬をもって見守り、喜び、証しする恵みにあずかることを感謝するのが本来なのだろう。

本当のところでは、一緒に祈る大人が教えるというよりもむしろ、子どもがすでに与えられている、神との親しいかかわりの中に大人も入れてもらって、子どもと一緒に神に向かう恵みをいただくと言うほうが合っているのかもしれない。そうしたかかわりの中で、大人も子どもたちを通して、自らを開いてゆだねる信頼や、ありのままを受けいれて感謝する心を教わりつつ、自分たちが受けた信仰の物語を分かち合い、一緒に神の家族とされていくのだろう。家族全体が神の愛に包まれ、一人ひとりがお互いのことを気遣い、感謝し、ゆるしゆるされながら、今ここにともにいることのできない家族や今苦しみや困難の中に置かれている人のことを思い、祈り、支え合い分かち合って生きる。

家族という近しい関係だからこそ生じる、分かち合いの失敗や、傷つけ合いの経験もある。しかし、キリスト者の共同体は、キリストを中心に集い、すべてを分かち合い、互いに支え合って生きる共同体であるだろう。まずはともに座り、そのようにともに座ることができる恵みを感謝して、愛から出発したい。イエスは「二人または三人がわたしの名によって集まるところには、わたしもその中にいる」（マタイ18・20）と言われた。私たちがともに座る、その集いの中心に主がおられることを思い起こして、心を一つにしてともに祈る恵みを、神の家族とされていく恵みを、願い続けたい。

# 10 人生の秋に

## 花のうた

ハリール・ジブラーンの詩に、「花のうた」という作品がある（神谷美恵子『ハリール・ジブラーンの詩』参照）。作品は「わたしは自然が語ることば」といううたい出しで始まり、花という小さな存在を通して、創造のわざの美しさと偉大さをうたう。この詩の一節に、「わたしは青空から落ちた星、みどりのじゅうたんの上に落ちた星。……春には生まれ、夏には育てられる。そして秋はわたしを休ませてくれる」ということばがある。

夏の押し迫るような熱気と力強い生気とは異なる、落ち着いた美しさや安らかさが秋にはある。その静かな時を「わたしを休ませてくれる」時として、ありのままに享受する花の姿に思いをはせていると、ふと、人間はどうなのだろうという思いが頭をよぎる。与えられ、生かされている日々を、私はどのように創造主とかかわっているだろうか。そして、「人生の秋」とも言える壮年の日々を、現代の私たちはどのように生きているのだろうか。

## 人生の秋における変容

これまでの章では、E・エリクソンの生涯発達理論をたびたび参照してきたが、それとはいくぶん異なる視点で人間の心の歩みを捉えた研究者に、C・ユングやR・グルドという精神科医がいる。

グルドは成人期を、私たちが子どもの時に獲得して慣れ親しんでいる、いくつかの誤った信念から解き放たれていく変容の過程として捉えた。その「誤った信念」としてグルドが挙げているものには、たとえば「人生は単純で、自分がコントロールできるものである」という思い込みがある。私たちは、常にそれが正しいとは限らないと理性ではわかっていても、感情の面ではしばしばこの「信念」にとらわれているのだとグルドは言う。

自分が考えて主体的に動いた結果として何か望ましい状態を得る経験を重ねることは、特に幼少期には重要である。読み書き計算であれ、スポーツや楽器の演奏などのおけいこ事であれ、学習の過程で子どもたちは、自分を律してこつこつと努力することを学び、技能を身につけ、「やればできる」という感覚をつかんでいく。また、その活動にかかわる周囲の人々の存在にも目を開かれていく。この「やればできる」という感覚は人生の基礎体力とも言うべきものを形づくる。

そうして私たちは、人生においても自分が主体的に取り組むならば、それに見合う結果が得られるはずだという心の構えを持つようになる。そのこと自体は自然なことだが、その心のうちには経験不足ゆえの未熟な万能感が潜んでいたり、あるいは「コントロールできる」と思う感覚や応報的な期待とも言うべきものが、しばしば自分を中心にすえて、自分にとって都合の良いものだけを得ようとする傾きとして根を張っていたりする。そのような自己中心性が現実の生活経験を通して問い直され、吟味され、変えられていくことが、成人期にある人々にとっての課題だとグルドは言うのである。

たとえば子育ては、大人が生活の中で経験する「自分がコントロールできる」ものでない現実の一例だろう。根源的な自由と主体性を持つ人格である他者とともに生きようとする時、自分は最善を尽くしつつも、それを相手がどのように受けとって応えるか、一つの事態がどのように結実していくかということについて、私たちは自らがすべてを掌握していたくなる手を開いてゆだねるしかない。子育てに限らず、私たちの人生に、いつ、どのような出来事が起こり、どのような出会いに恵まれるかといったことは、私たちの期待や目論見をはるかに超えることであるだろう。その現実の中で、周囲の人々と対話し、支え合い、自分が大切にしているからこそ握りしめていたくなるものをそっとゆだねながら、人はその生の歩みを進めていく。それを、グルドは「誤った信念」と幼児的な自己中心性から解き放たれ、人が変容していく歩みとして捉えるのである。

### 内なる悪への気づき

グルドが挙げる、その他の「誤った信念」には、「自分のうちには相矛盾したり対立したりするような力がともに存在することはない」という思いや、「この世界には真の悪や死は存在しない」という「神話」がある。実現されるべき正義や完璧さを一方に、他方にそれを阻む悪を掲げ、その悪はいつもどこか自分の外にあるものとして捉える二項対立的なものの見方から脱していくこと、そして自らの内にも、善と悪や強さと弱さのどちらとも言えるものが存在している現実に気づき、その現実の自分自身と向き合い、これを受けいれていくことは、ユングによっても指摘されている中年期以降の心の課題である。

たとえば子ども向けのおとぎ話では、不気味な姿をした怪物が物語の最初から最後まで人間を脅かす悪の存在として語られ、物語の終わりには「正義の」主人公によって滅ぼされる。主人公に感情移入してお話を聴く者にとっては、正義は「我々」にあり、悪は常に自分の外側にあって、「我々」が対決し、排除するべき対象である。敵は「彼ら・奴ら」として常に外にいる。しかし「人生の秋」以降には、まさに私たち自身のうちに、悪への傾きや自分を中心にすえようとするがために生じるかたくなさや欲、狡猾さや弱さが存在していることと向き合い、その内なる「影」の自分をあらためて認め受けいれつつ、その人なりの折り合いを見出し、より統合された人格となっていくことが課題なのだとユングやグルドは言う。ユングはこの過程を、人がより分かたれざる者、一なる存在に統合していくという意味で、「個性化」(individuation)の過程と呼んだ。

## イエスとの出会いと価値観の転換

「人生は自分がコントロールできるもの」という考えに潜む自己中心性から解き放たれていくことも、内なる悪や弱さと向き合うことを経てより一なる存在になっていくことも、どちらもキリスト者の信仰の歩みにとって重要であることには変わりがない。キリスト者の歩みに特徴的であるのは、それがキリストとの出会いを通して、キリストに担われて、自己中心性から解き放たれ、愛する者へと変えられていくことだろう。その過程はやはり、頭では理解していたつもりという状態から、何らかの機会に感情を伴って実存の深みから揺り動かされ、全人格的に「わかる」体験を通して、少しずつ深められ、進んでいくものであるように思われる。

ルカによる福音書13章には、イエスが安息日に、長年の病で腰が曲がったままになってしまった女性を癒(いや)した話が語られている(10‐17節参照)。イエスがこの女性を癒すと、会堂長が腹を立て、群衆に向かって、安息日でない日に治してもらえ、と述べる。するとイエスが「偽善者たちよ、あなたたちはだれでも、安息日にも牛やろばを飼い葉桶から解いて、水を飲ませに引いていくではないか。この女はアブラハムの娘なのに、十八年もの間サタンに縛られていたのだ。安息日であっても、その束縛から解いてやるべきではなかったのか」(15‐16節)と述べ、反対者たちは皆恥じ入り、群衆は皆喜んだと語られる。

会堂長やここで反対者と呼ばれている人々には、当時の社会でまじめに律法を守って生きようとした人が多く含まれていただろう。親や年長者から教えられたことを勤勉に守り、律法を守って神から義とされることを願い、社会的にも宗教的にも、良き市民として振る舞い、人々にもそれなりに認められ、安定した位置を確保する。その保守的で「まじめな」あり方と価値観が、イエスを通して問いに付され、転換を迫られる。

ここで会堂長やファリサイ派的な人々が抱いていたであろう「誤った信念」、すなわち、律法遵守を通して「人生は自分がコントロールできる」という思いは、その応報概念から考えると計算外の愛のわざに触れて、根底から揺さぶられる。人間の常識を超える、イエスの愛の論理。その愛に心を触れられた時、人間の「常識的」な価値観は、別の見方を可能にする光を当てられて、変えられていくきっかけを得る。

## 恥と愛

ルカ福音書はここで、「反対者は皆恥じ入った」と伝えている。恥じるということは、より優れていると認められるものの前で自身の限界や小ささを認識する心の働きを含むものだろう。その際に、具体的な出来事のうちに示された、より深い愛に目を向けるならば、人はきっと小さな自分を守ろうとするかたくなな心を解きほぐされて、「誤った信念」から解き放たれていくことができる。

ところが逆に、自分の理解や「私の神像」を真ん中にすえて、それを超え出る神のわざに対してかたくなに心を閉ざすことも人間には起こり得る。それまでの自分の理解を手放すことが、あたかも「私」という存在そのものを否定され、失ってしまうことのように感じられて、恐ろしくなるのだろう。自分が求めていた像（アイドル）とは異なる、ありのままの相手を受けいれることができず、かえって相手が自分を脅かしているかのように感じ、相手を憎み、否定し、排除しようとする。

ルカ福音書は「恥じ入った」反対者たちが、その後どうしたかを伝えていない。イエスの愛のわざに触れて心揺さぶられ、彼らはその後「変容」していっただろうか。彼らが経験した出来事の内に示された神の愛をその場では理解することができず、また、すぐに心を開いて応えることができなかったとしても、「心に納めて」（ルカ2・51）思い巡らし、神の愛へと開かれていっただろうか。福音書の語りを通して、今イエス・キリストに出会う私たち一人ひとりもまた、何らかの応答を呼びかけられているのだろう。

## キリスト者にとっての「個性化」

ルカ福音書13章に語られる女性の癒しの箇所では、反対者たちが「恥じ入った」一方で、「群衆はこぞって……喜んだ」と言われている。既存の常識を超える、愛を中心にすえたイエスの根本的（ラディカル）な律法理解と行いに、人々は確かに感動し、熱狂して喜んだのだろう。しかしルカ福音書23章になると、イエスは「群衆」から否まれ（1－5、13－25節参照）、十字架へと引き渡されていく。いったんはイエスの愛のわざに触れて大喜びした人々も、それぞれに都合の良い「私のメシア像」を作り上げ、その像にイエスが当てはまる限りにおいてイエスを受けいれ、熱狂したということだろうか。彼らは自分が抱く「像」にイエスが合致しないと判断すると、結局イエスを拒絶してしまった。

福音書はペトロをはじめとする弟子たちが、イエスの受難予告を理解することができず、なかなか「十字架につけられるメシア」を受けいれられなかったことを繰り返して語るから、「私のメシア像」をイエスに重ね合わせようとした点では弟子たちも「群衆」と同じだったかもしれない。ただ弟子たちは、イエスのことばに耳を傾け続け、失敗を重ねながらもそのあとに従い、復活の主と出会って変えられていく。十字架という「ユダヤ人にはつまずかせるもの、異邦人には愚かなもの」（一コリント1・23）を通して、人間の弱さや悪から生じる悲惨をも受けとり、それらを担い切って救いのわざをなさる神へと、目と心とを開かれ、自らもその道を歩む者とされていく。

自らの内にある、「私のメシア像」「私の神像」に執着する自己中心性への傾きやかたくなさ、もろさを認めつつ、その「土の器」（二コリント4・7）を通して働かれる神に信頼して、よりキリストと一致していくことが、キリスト者として一なる存在へと「個性化」していく過程には欠かせないのだろう。そうしてみると、キリスト者にとっての「個性化」には、十字架を仰ぎ見つめることが不可欠である。

## 花の知恵

冒頭に引用した、ジブラーンの詩「花のうた」は、次のように終わっている。

「わたしは露に酔いしれ、つぐみの歌に耳を傾ける。……光を見るために天を仰ぐけれど、それは自分の像（イメージ）をそこに見るためではない。この知恵を人間はまだ学んではいない」。

ジブラーンがうたう、この花の知恵を私たちも学びたい。自分が思い描く像をそこに見ようとして天を仰ぐのではなく、むしろ日々経験する小さな出来事のうちに、神の愛の確かな顕れを見出すことができますように。そして、父なる神への感謝と賛美と信頼が、天を仰ぐ私たちの内にいつも満ちていますように。

# 11　火をともす役割
## ――成人期とジェネラティヴィティ（1）

### 小さな星の仕事

「おとなってへんだな」。サン・テグジュペリの『星の王子さま』で、自分の星を出て旅に出た王子さまは、訪れた小さな星々で、そこに住む大人に出会うたびにこうつぶやく（内藤濯訳『星の王子さま』参照）。

ある星には、すべてを支配している王さまがいた。王さまのほかには誰も――おそらくは夜コトコト音をたてる年寄りネズミ以外には――住んでいないほど小さな星の王さまである。人のいい王さまではあるが、彼はすべてが自分の命令どおりに従わないと気がすまない。だから無理な命令をしない。訪れた王子さまが座りたいと言うと座るよう命じ、夕陽を見たいと言うと、時が来るのを待って太陽に「沈め」と命令する。そうすれば皆、王さまのことばに従うから、王さまの威厳は保たれる。

他の小さな星々にも、それぞれに変わった大人が住んでいた。人にもてはやされることにしか関心がなく、自分をたたえることばしか耳に入らない「うぬぼれ男」や、お酒を飲む恥ずかしさを忘れるためにお酒を飲んでは悲しそうな顔をして黙りこんでしまう「のみ助」。寸暇を惜しんで自分が持っている星の数を数えてばかりいる「実業家」や、自分では決して探検に出かけることなく仕事部屋に引っ込んでいる「地理学者」。そして、かつて受けた命令を忠実に守ろうとして、ひたすらに街灯の火をともしたり消したりしている「点灯夫」。この点灯夫の星では昔に比べて星の回転速度が早くなったので、今は一分に一回、太陽が昇ったり沈んだりするという。だから点灯夫は休む間もなく街灯をつけたり消したりしなくてはならない。「なにしろ、とんでもない仕事だよ」と彼は王子さまに言う。

この大人たちは皆、小さな星にたった一人で住んでいて、それぞれ自分のことで忙しい。花の匂いをかぐことも、星をながめることもなく、誰かを愛することもない。訪れた王子さまと友だちになる余裕もない。唯一、王子さまが友だちになってもいいなと思った人物は、街灯の点灯夫だけだったが、この人物も目の前の仕事に一生懸命で、誰かのために星に火をともすという彼の仕事のすばらしさを考えてみることもなく、少し休んでお日さまを眺めてみることに大きな魅力を感じるわけでもなく、求めることと言えば、ただ眠ることというありさまなのだ。

## 愛することと働くこと

大人たちは日々、何かと忙しい。しかし大人たちが自分の小さな星の仕事に明け暮れれば明け暮れるほど、時にそれが他者不在の営みになり、「いちばんたいせつなこと」（河野万里子訳『星の王子さま』参照）を見失ってしまう危うさを含んでいることは、私たちが日頃経験することでもある。

エリクソンは、中年期の発達課題として「ジェネラティヴィティ（generativity＝世代継承性）」の形成を挙げている。ジェネラティヴィティという語はエリクソンによる造語で、何かを生み出し（generate）育てる創造性（creativity）という意味と、世代（generation）を超えるかかわりという意味を含むものである。それは、次の世代を育みつつ、自分を育ててくれた上の世代を支えていくかかわりと、そのために同じ時代を生きる仲間と協力し合うかかわりを築いていくことを意味している。時系列的な縦のつながりと、共時的な横のつながりを伸ばしつつ、その交差点に立つ自分の根を深めていくことと言ってもよい。生み出し、養い育て、小さな存在のために心を砕き、守り、支え、世話をする。そうしたいのちへの奉仕と愛を、自分と近しい人にだけでなく、より広範囲の人に向けてかかわりを築くこと。「ジェネラティヴィティ」という語に含まれる中心的な意味は、単なる生産性ではなく、むしろいのちへの奉仕と愛であり、世代を超えていのちをつないでいくことである。

かつてフロイトも、人間の成し得る課題は何かと尋ねられた時に「愛することと働くこと」と答えたと伝えられている。短いことばの中で、フロイトがまず「愛すること」を挙げているのが印象深い。愛する時、私たちは自分のために何かをするよりも、相手のためによいことを求める。エリクソンとフロイトに共通するのは、自分から出発するものの見方ではなく、相手から出発するものの見方を身につけることが、成人期の大きな課題となるということではないだろうか。

### 自己に埋没する傾きとの葛藤

愛することと働くことは、私たちにとって、大きな喜びであるのと同時に、責任や忍耐、持続的な献身を伴う大仕事である。そうであるからこそ、それを避けて自分のことに集中して「小さな星」に安住し、なるべく傷つかないでいられるようなあり方を選びたくなる傾きが私たちの内にはあるとエリクソンは言う。そして、「ジェネラティヴィティ」に向かう動きと、その反対にしり込みして自己に埋没する傾きとの間で揺れ動く心の葛藤を経験することが中年期の課題なのだと言う。

その葛藤に少なからぬ影響を与えているのが、中年期に私たちが経験するさまざまな変化である。自分自身の身体的な変化や衰え、職場などでの役割や仕事の変化、子どもたちの成長に伴う生活の変化、家族の健康面での変化、社会情勢の変化など、いくつもの変化を同時期に経験することもまれではない。その中で、現実に対応しつつ「ジェネラティヴ」な視点を持って何らかの可能性を見出して実現していくことが求められるのが中年期である。それはしばしば、理想と現実のギャップや人間の有限性と向き合うことと、自分の思うにまかせない事態と出会うことの連続である。

そのような中で、人は自分の「小さな星」に安住していたい自分がいることを発見する。『星の王子さま』に登場する「へんな」大人たちの姿はどれも、私たちが持つ、自己の内へと埋没していく傾きのあれこれの象徴だろう。経験するすべてのことが自分のコントロール下にあることで安心を求める「王さま」のような心や、自分の有能さを常に確認していたい「うぬぼれ男」や仕事そのものが自己目的化している「実業家」のような心。彼らは誰かのために自らを差し出すことがなく、それによって満たされることがない。あるいは自らの弱さや真の姿に向き合うことに耐えられない「のみ助」のような心や、自らの仕事を「とんでもない仕事だよ」と言ってため息をつく「点灯夫」のような心。この人々は自分の存在や役割に価値を見出すことができず、疲れ、将来への希望や信頼を失って喜びや感謝をも失っている。皆、自分に目が向かっている。そうして自らを閉ざし、そこに停滞してしまう。

「点灯夫」の姿は身につまされる。その小さな星に明かりをもたらす役割を与えられていながら、状況の変化とともに仕事量が増え、息つく暇もなくなって自分が何のために火をともし続けるのかがわからなくなっている姿。お日さまを眺める喜びや、夕陽の美しさに浸る感動を忘れてしまい、「この世で好きなのは眠ること」と口をついて出てしまう姿。この「点灯夫」が自己への埋没から解き放たれるには、どうすれば良いのだろう。

## ケアとかかわりの生

エリクソンは、「ジェネラティヴィティ」と自己への埋没との間を揺れ動く葛藤の中で、ケアという人間らしさが生まれ出てくると述べた。「ジェネラティヴィティ」と自己への埋没との間の葛藤は、他者から出発していのちへの奉仕と愛に向かう視点と、自分から出発する視点との間のせめぎあいと表現することも可能だろう。誰でも、つい目が自分に向かいがちになる傾きを持つ。しかし、今与えられている状況で、視点をどこに置き、何を大切にするか。他者が今経験している必要性や痛みをどれだけ感受するか。そこにケアはかかわってくる。実際には、誰かのためにお茶をいれるといった、日常のごく小さなかかわりの中にも、「ジェネラティヴ」でケアに満ちたかかわりへの招きはある。ケアは私たちの生のあらゆる時に開かれているかかわりであり、そうした日常の一つひとつの内に、自己への埋没から解き放たれるきっかけはあるのだろう。

ケアに含まれる要素を考えてみると、その第一に挙げられるのは、いのちあるものと結ばれている感覚と言ったらよいだろうか。いのちあるものと存在の深みで共鳴するものを自身の内に感じとること。それは、相手の痛みや苦しみをともにするコンパッションとつながるものである。この共鳴・共振の感覚は、「私」自身がコンパッションをもって受けとられた経験と、人間の限界や弱さに直面する経験とを通して鋭敏になっていくように思われる。

第二に挙げられるケアの要素は、応答性だろう。いのちの共鳴・共振を感じとる時、どのように応えるか。聖書はイエスが人々と出会い、その人々を見て、「深く憐れんで（はらわたが打ち震える思いをして）、手を差し伸べ」た（マルコ1・41ほか参照）と述べる。相手の痛みを身で感じるからこそ、全身で応えるイエスに、応答性を学びたい。

第三の要素は、相手とともにいること、相手とのかかわりに留まることだろう。「女が自分の乳飲み子を忘れるであろうか」（イザヤ49・15）と言われるように、相手を見捨てることなく、そっと傍にいて、信頼と希望と忍耐をもってともに歩むことである。相手とともにいるその時間は、「点灯夫」が追われている早さや量としての時間とは異なる、「いのちのかかわり」の時間である。誰かのそばにただいる時に経験されるような、その「いのちのかかわり」の時間の深さと豊かさを、人は何らかの形で経験したことがあるのではないだろうか。

そのように考えると、ケアは何か人が誰かに「してあげる」といったものではなく、私たちが人間として、いのちの根源とのかかわりを持ちながら、互いに生かし生かされ合ってともに生きる、そのあり方であると考えることができる。それは、経験されるさまざまな現実やそこに立ち現れる人間の限界を見つめつつ、「ほんとうにたいせつなもの」を見失わずに、日々、自身をその「たいせつなもの」とのかかわりに差し向けていくことであるに違いない。

人生の半ばで多くの変化や限界を目の当たりにする中年期。その中で静かに現実を見つめ、ともにいてくださるキリストに助けられて「いのちのかかわり」を生きる恵みを、日々祈りたい。今日、誰かのために、小さな火をともすことができますように。

# 12　光と闇のせめぎあい

## ――成人期とジェネラティヴィティ（2）

### やわらかな光に包まれて

「冬の日は／やわらかく／慈悲の顔のようにあかるい」（八木重吉「冬の日」）。

冬から春に向かって一歩ずつ進む頃の光はやわらかい。厳しい寒さの合間に訪れるおだやかなひと時、そっと梅の花などを包みこんでいる。この光は、相手の傷を白日のもとにさらすような冷たい光ではなく、その傷を抱きとるような、やわらかくて「慈悲の顔のようにあかるい」光である。

日本の「冬の日」の光とはだいぶ異なるが、光の画家レンブラントの作品「放蕩息子の帰郷」にも、静かで慈悲に満ちた光がある。帰ってきた息子を抱きとめる父の内から出ているような、憐れみ深くやわらかな光。その光がおだやかにまわりを包んでいる。

レンブラントのこの絵に魅せられた著作家の一人に、H・ナウエンがいる。この絵をその表紙に掲げた、ナウエンの『放蕩息子の帰郷』は、彼の著作の中でも特に愛されている作品だろう。レンブラントの絵は言うまでもなく、ルカ福音書15章に語られるたとえを主題にしている。神が一人ひとりを愛してやまず、失われていた一人が自由にご自分のもとへ帰ってくることを心待ちにし、帰ってきた子を喜んで迎え入れる父親のような方であることを語るこのたとえを、ナウエンはレンブラントの絵を眺めては何度も味わい、黙想する。

ナウエンの目はまず、抱き合う父と子の姿に向けられる。ぼろぼろの姿で父のもとに戻り、ひざまずいて父に抱かれている息子。それは、「家」で耳をすませるならば自らの存在の深みに必ずや聴こえてくるであろう「あなたはわたしの愛する子」という父なる神の声に耳を傾けず、落ち着きなく父の家を出て、目先のおもしろさや利得を求めてさまよい、疲れ果てて、自らを見失ってしまった「私」の姿である。さらにそれは、父から惜しみなく与えられた賜物を自分のために利用し、その結果、ますます貧しくなって打ち沈んでいる「私」の姿でもある。

その息子を迎え入れる父親を、レンブラントは、その存在の内奥からにじみ出る光とともに、静寂と平和の内に描いている。子どもたちのために自らを与え尽くし、数々の苦難や試練を引き受け、子の痛みを自らのものとしてともに痛み、愛する子たちにその愛が伝わらない哀(かな)しみをも引き受けながら年齢を重ねてきた老父の、限りない愛と慈しみ、ゆるし、平和と静寂。その愛の光がにじみ出て、まわりを静かに照らしている。

ナウエンの目は次第に、傍らに立って、抱き合う父と子を冷めた目で見下ろしている兄へと向けられていく。光が届く範囲にはいるものの、固い表情で立ち尽くしている兄の顔。その体の前で組まれ、閉じられたまま暗い陰に沈みそうになっている、彼の両手。ナウエンはいつしか自身の内に存在する「兄」を認め、やがて、自分が子を迎え入れる父のような者になることへと招かれていることに気づいていく。それは、父をいつまでも、「私」を受けいれ、ゆるし、家に迎え入れてくれる「他者」のままにしておくのではなく、この「私」が父のような者になることへと招かれているという気づきである。聖書に「あなたがたの父が憐れみ深いように、あなたがたも憐れみ深い者となりなさい」(ルカ6・36)と言われるように。

## ジェネラティヴィティという課題

『放蕩息子の帰郷』は、ナウエン晩年の著作である。ナウエン自身、それまでの生涯でさまざまな困難と闇、危機と回心を経てきた。その成人期から老年期に入っていこうとする頃の約十年を、彼はレンブラントの絵とともに歩み、祈りを深めていったと思われる。

前章でもみたように、エリクソンは、人生半ばの成人期に私たちが取り組む課題として、「ジェネラティヴィティ（generativity＝世代継承性）」の形成を挙げた。人生半ばの成人期は、私たちが多くの世代の人と深くかかわりながら協力して、あらゆる人が安心して生き生きできる共同体や社会を創っていくことに尽力する時期である。生み、育み、世話をし、協力し、創造性をもっていのちをつなぐ。前章で私たちは「ジェネラティヴィティ」の中心にはいのちへの愛と奉仕があることと、その具体的な特徴として、他者の視点に立つものの見方があることを見た。また、私たちの内には「ジェネラティヴ」に生きることへの促しや憧れと同時に、さまざまなかかわりを避けて自分のことにだけかかわっていたくなる思いや、つい自分に目が向かって自己に埋没してしまう傾きがあることも見た。

## 「疑似種化」の傾き

ジェネラティヴィティの停滞は、ある種の拒否性とそれに伴う深刻な事態を引き起こすとエリクソンは言う。彼はそれを「擬似種化」(pseudo-speciation) と呼んだ。それは、人間が一つの種であるにもかかわらず、その人が属する何らかの集団と他の集団との間には根本的な差異があるという感情を人々が抱き、「我々」と「彼ら」という単純化した構造を擬似的に作り出すことであり、自分たちの外の集団をあたかも自分たち「人類」とは別の種であるかのように捉えて、これを徹底的に否定し排除しようとする傾きを持つことを指している。エリクソンはこの傾きが「人類の最古の遺産、つまり自己への憎悪と他者性への憎悪という宿命的相互関係と手を組んで、人類の歴史を核時代の現代に至るまで支配してきた」(『玩具と理性』参照) と言う。

ナウエンは「兄」としての自分を振り返りつつ、次のように言う。「わたしが最善を尽くして課題を成し遂げようとするとき、なぜ他の人々はわたしのように自らを与えないのかと疑念を抱く。自分はこの誘惑を克服できると考えるその瞬間、誘惑に身をまかせた人々を思ってねたむ。それはまるで、わたしの美徳が存在するところに必ず、恨みに燃えて不満を漏らすもう一人のわたしがいるかのようだ」(前掲書)。よく生きようとする「私」がいるところには常に、「私」がそうであろうとするものと異なる誰かを、否定したりねたんだりする「私」がいるというジレンマ。エリクソンは、それが「自己への憎悪と他者性への憎悪」と深く関係していると言うのである。

### 否定性の奥にある求めと恐れ

私たちは皆、その乳児期に、親や母親的な養育者との間で、目と目を合わせて見つめ合い、お互いの存在を認め合う対話的かかわりを経験している。エリクソンによれば、その原初的な「対話」には、自身の内に存在基盤を持たない「私」が、他の一切から分離され疎外された「個」なのではなく、母なるものと根本的な同一性を持ち、その存在肯定の交わりに参与しつながっているという「分離性の超克」の経験と、その「私」が「私」としてありのままに受けとられ、認められるという「個別性の認可」の経験とが含まれている。この「分離性の超克」と「個別性の認可」への深い求めが人間の内で完全に満たされることはない。それで私たちは、満たされなかった経験の記憶とともに、この求めを生涯抱き続けるとエリクソンは言う。

放蕩息子が「遠い国」に行って、お金の力でこの求めを満たそうとする姿。そして、放蕩息子の兄が、父への愛のためというよりもむしろ自分が父に認められることをあてにして、掟を守り、家で「奴隷奉公」をして（ルカ15・29、新約聖書翻訳委員会訳『新約聖書』参照）、自分の力で何らかの「認証」を勝ち取ろうとする姿。それらはいずれも、こうした求めの一つの現れであるだろう。ところが、人がそうした「認証」を自分の力で勝ち取ろうとすればするほど、求めるようには得られず、また、自分がその「認証」に価するほど十分に良く、価値ある存在であるのか、確信が持てなくなり、不安にとらわれることになってしまう。

求めつつ満たされなかった記憶は、他者への不信や怒り、見捨てられたような思いと悲しみ、自己に対する無価値感、再びそうした経験をすることに対する恐れといった感情とともに、私たちの内に残される。それが、エリクソンの言う「自己への憎悪と他者性への憎悪」である。癒されずに残っているそうした思いが、私たちを、他者や社会に自らを開く方向にではなく、むしろ自分で自分を癒そうとする方向へと傾かせる。そして自分たちこそが正しいという集団の観念に自らを結びつけて自己を保つ一方で、自己の無価値感を「外」の集団に転嫁してその集団の人々を自分の下に置き、そうすることで自らの「価値」を確認しようとする「疑似種化」へと向かわせる。放蕩息子の「兄」が弟を否定する思いや、ファリサイ派や律法学者たちが罪びとを蔑み、その罪びとを受け入れ親しく食事をするイエスをも拒絶する心性は、まさにそうした「疑似種化」への傾きを示すものである。

## ケアと新しいアイデンティティ

人間が避けがたく持つ、この「擬似種化」の傾きを超克する可能性を、エリクソンは精神分析家として探し続けた。その彼が見出した可能性は、心理学の内にではなく、宗教の内にあったと言ってよい。ナウエンとともに述べるならば、「わたしには、自分の中の恨みつらみを根絶やしにする力がまったくない」「自分の持てる強さで、自分の心理学的洞察でそれを実現することはできない」「わたしは上からのものでしか癒されない。神が手を差し伸べてくださらなければ、それは起きない」（ナウエン、前掲書）。「兄」の闇とその闇へのとらわれを、人間的な力で解くことはできないのだ。

エリクソンは、「私」という感覚が超越とのかかわりに基づく時に、あらゆる人間（普遍的な種）へと開かれた新しいアイデンティティが可能になると述べた。そして彼は、「擬似種化」と相対する人間的特性として「ケア」を挙げた。そのケアとは、集団としてではなく、目の前の一人に腕を広げてかかわることである。超越的なかかわりにもとづく時に、人には、自分を必要とする誰かの関心や心配を引き受け（take care）、それに応えて自らを差し出すことが可能になる。そのようにして社会で善や価値を実現していく「新しい人間」への希望をエリクソンは語り続けた。

### キリスト者のジェネラティヴィティ

御父のもとに帰り、放蕩息子である「私」も「兄」である「私」も、御父の子という決して失われないアイデンティティに立ち戻ること。それが、キリスト者のジェネラティヴィティへの第一歩であるだろう。

ご自身を与え尽くし、自らが痛みを担って闇の中に打ち沈む子を救い出そうとされる方のもとに立ち戻り、この方につながって生きる。その時、私たちは御父からのやわらかな光に照らされて、自分の内に潜む深い闇の現実に向き合うことができる。自己に対する無価値感と他者に対する不信や恐れという「自己への憎悪と他者性への憎悪」の癒しは、そこでこそ可能になる。そしてゆるしを願い、受けいれられ、癒されて、「私」は閉じていた腕を開いて、父のように憐れみ深い者になることへと招かれていくのだろう。その招きに応えることは、御父の子であることをたっぷりと経験してきた「私」が、その相続人として、父の似姿に変えられていくことを真に望むことである。

春の訪れを予感させる、やわらかな光。その光を喜び味わいながら、惜しみなく（generousに）与えてくださる父の愛の内に、ジェネラティヴに生きるということを考えている。

# 13 記憶と癒し

## 春を迎える準備

桜の名所として知られる、東京の井の頭恩賜公園にある井の頭池で、二〇一四年一月から二月にかけて、かいぼりと呼ばれる作業が行われていた。かいぼりとは、ため池の水を抜いて池の底にたまった泥を出し、池を天日干しにする作業のことで、池の水質を維持するためには欠かせない作業だという。空っぽの井の頭池など見たことがないという好奇心に駆られ、水抜き作業が終わったばかりの頃、公園を訪ねてみた。

池の真ん中あたりにある七井橋上に立つと、真っ先に目に入ってきたのは、あらわになった池底のあちらこちらに転がっている無数の空き缶やハンガー、自転車など、本来なら池の中にあるはずがないものばかり。ある程度予想していたこととはいえ、「東京のオアシス」の現実の姿に衝撃と痛ましさを覚え、思わず目をそむけてしまった。普段は水をたたえて平和そうに見える池だが、水面下の見えないところでは、私たち人間によって放り込まれた数々のものによって汚され、傷つけられ、本来のいのちの営みが妨げられている。こうした数々のものを投げ込む人間もまた、生まれ持つよさや人間性を自ら傷つけているに違いない。大掃除と天日干しによるかいぼり作業は、池だけでなく、むしろ私たち自身にこそ必要なのではないか。そんな思いを抱きながら、天に向かってその底をあらわにしている池のまわりを歩いた。

**記憶と癒しへの求め**

平穏そうに見えても、水面下では汚泥が重なっていいのちの呼吸に困難をきたし、水はよどみ、池の底には普段思い出すことさえなかったものが未整理のまま埋まっていて、痛んだ箇所もそのまま放置されている状態。それにもかかわらず、自分でも正視し得ないようなものが水底から次々に出てくるであろうことを予感し、恐れをなして水のよどみにも気づかぬふりをし、一見平穏そうな日常を続けて、よどんだ水のままで春を迎えてしまう不誠実さ。そんな自分自身の姿を省みつつ、私は、春を前に真摯に自らの「かいぼり」作業に向き合った一人の友を思い出していた。

その友は、つらい過去と向き合っていた。彼女も、好んでかいぼり作業を始めたわけではない。思いがけないきっかけで、自らの深いところにしまい込んでいた過去の出来事とその時の傷がうずいては彼女を苦しめるようになってしまったのだ。この友人は、新しい使命を担うことをまわりから期待されていた。彼女も、その新たな使命を喜びと信仰の内に受けとって新たな一歩を踏みだすことを望んでいた。ところが、その出発を前にして、彼女の内にしまい込まれていた何かがうずき始め、不安や恐れが彼女を捕らえ、「あなたはふさわしくない」という否定的な声を日々発しては、彼女を苦しめていたのである。

私たち人間にとって、記憶とは単に情報をコンピューターのように記銘して留めておくだけのものではない。暗記テストでどれだけ点数を取ることができるかといったたぐいのものに限られるのでもない。むしろ重要なのは、過去に経験した出来事を、私たちが自分の人生の中でどのように位置づけて自らの内に留めているかということだろう。過去の経験や出来事は、多くの場合、その時に経験した感情とともに私たちの心に留められている。そうした記憶の中には、それを思い出すのが大変つらいので、私たちが心の奥底へとしまい込んで忘れたことにしてしまおうとしているものがある。しかし、抑え込まれて整理されないままの記憶は癒されることがなく、癒されていない傷は、時としてより深刻な傷を自分や他者に与える原因にもなると言われる。新しい出発を前にして、未整理の記憶と傷が癒しを求めてうずいていることに気づいた友は、何人かの支えを得て、静かに、謙虚に、自らの「かいぼり」作業に取り組んだのである。

## 想起と癒し

適切な時に思い起こし、自らその記憶や出来事に向き合うことは、癒しに向かう一歩となる。それは、傷とともに記憶されている過去の想起が、おもに二つのことを可能にするからだと思う。その一つは、現実認識の歪みを正すことである。理性を働かせて現実を捉え直すことは、自分でも説明できないような感情が私たちを振り回したり縛ったりする事態から私たちを解放してくれる。

もう一つは、過去の経験が信仰の内に思い起こされる時、私たちが一人で抱えていた孤独な「私の物語」は何らかの形で「神の救いの物語」と結びつけられていくことである。H・ナウエンは「癒しとは、私たち人間の傷が、神ご自身の苦難に最も密接に結びついている、ということを明らかにすることを意味している」(『傷ついた癒し人』参照)と述べる。

「私」が一人では決して引き受けることができず、何の意味をも見出すことのできなかった出来事は、この「私」が神の救いの歴史に、主キリストに結ばれて参与する(participate——一部分を分かち持ち、担う)ことへと開かれた招きとなる。

## 現実の捉え直し

現実認識の歪みを正すことに戻ってみよう。少し図式的だが、私たちが日常生活の中で経験する現実は、自分と他人と状況という三つの要素から成っているものとして捉えることが可能である。ところが私たちは、現実のごく一部分、たとえば自分の感情を過大に、あるいは過小に捉えて、それに引きずられて、三要素それぞれに関する事実を理性的に集め、考え、判断することをしないままにしていることがある。特に幼い時の経験は、物事を論理立てて考える力が十分に備わっていなかったために、起こった出来事の原因と結果をきちんと精査しないまま、その時に経験した不安や恐れ、悲しみといった感情ばかり心に強く刻み込まれて記憶されていることがある。

成長した一人の大人として過去と向き合うということは、その経験の現実をあらためて三要素に整理しながら客観的に捉え直してみることでもある。複雑に絡まり合っているように見えた一かたまりの糸を、訳がわからないからと投げ出してしまうのではなく、少しずつほぐしていくようなものかもしれない。そのように整理していくと、たとえば自分がなぜ暗闇を必要以上に怖がるのかといったことが自身の経験にもとづいて理解されるようになり、むやみに怖がるのではなく、恐れる必要のないものが何であり、恐れをもたらすような特定の状況についてはどのような対処をすればよいかといったことを考えられるようになる。

## 私たちを駆り立て縛る力

理性を用いた現実の捉え直しということについては、もう一つ、心理学の交流分析理論で言われる「ドライバー」という考え方を知っておくのも助けになるかもしれない。

ドライバーとは、私たちが育つ過程で親や養育者をはじめ大きな影響を与えた人物や環境から繰り返して聞いてきたことばで、後になってもその人を「もっと○○しなければ」と駆り立てる力を持つものをいう。交流分析理論でしばしば挙げられるのは、「完全であれ」「急げ（てきぱきしなさい）」「努力せよ（一生懸命にやりなさい）」「人を喜ばせよ」「強くあれ」というものである。これらのことばはどれも、子どもが社会に適応して一人前になることを願って発せられるもので、それ自体（たとえば何かを完璧に行うこと）は悪いものではない。しかしそのメッセージを繰り返して受けとってきた私たちは、しばしば自分の中で、完全であるならばよい（完全でないならばよくない）というメッセージを自分に対して送ってしまうのだと交流分析理論は指摘する。

こうしたドライバーが強く働いていると、一方で私たちは、完全であることを目指してひたすらがんばり、他方で完全にできない自分はだめだと思って自己否定に傾くというパターンを繰り返し、ありのままの自分を受けいれることができない。また、努力は確かに大切であるが、「努力せよ」というドライバーがその人を駆り立てると、休んで何かを楽しむことに罪悪感を抱いてしまう。そうした駆り立てや条件つきの受容は、自分だけでなく他者にも向かう。言わば、律法主義的で平安のない状態である。

交流分析理論には「禁止令」と呼ばれるものもある。それは、親や親的な人物から、ことばではなくその態度でもって子どもに伝えられたメッセージで、「存在するな」「子どものように楽しむな」「成長するな」「重要な人物になるな」など十二のものがしばしば挙げられる。たとえば「あなたは子どもなのだから黙ってなさい」などと言われて自己主張を繰り返し禁じられる環境に育つと「重要な人物になるな」という禁止令がその人の内で響きがちになり、何をするにも自信が持てなかったり、表に立つことを恐れたりする傾向が出るという。新しい使命を前にして「あなたはふさわしくない」という否定の声に苦しめられたり、自分でも何かふさわしくないようなことをしてしまう場合には、その人の内でこうした禁止令が力を振るっているのかもしれない。

ドライバーや禁止令といった考え方は、私たちの感じ方や考え方のくせを理解する一つの手立てを与えてくれる。しかし交流分析理論が目指すのは、私たちがそれぞれに持つくせの理由づけに終わることではなく、そこから先、すなわち、個々人の主体的な生だろう。何が自分を駆り立てたり縛ったりしているのかに気づいたら、次はどうしたら自分も人も幸せに生きることができるのかを考え、その行動を選び取っていくことを、交流分析理論は促していく。たとえば、自分の中で響くメッセージを「〇〇してよい」(たとえば「完全でなくてもあなたのままでよい」とか「楽しんでよい」など)という許可のメッセージとして受けとり直していくこと。そして、過去には一定の考え方や行動をしていたとしても、今ここで自分はどのように考え、どう行動するかということをあたらめて選び、決断していくこと。そうして主体的に生きていくこと。それを交流分析は支えようとする。

## 心の天日干し

ありのままの「私」を受けとった上で変わっていくことは、かいぼり作業のたとえで言うならば、慣れ親しんだよどんだ水のまま生きるのではなく、水底を掃除し、整理して、新しい水に生かされることであるだろう。交流分析理論ではドライバーや禁止令を許可のメッセージとして受けとり直すことが言われた。キリスト教において、そうした許可（受容）とそれに続くきよめは、ひたすら神の愛に温められて可能になる、恵みのプロセスである。キリスト者の天日干しは、神の愛のもとでの癒しと和解である。

イエスは痛みや悲しみのただ中にいる人々とともに生き、その一人ひとりへの愛ゆえに、彼らが負う荷を自らが引き受けるべく自身を差し出された。その傷つくまでの愛を通して「あなたは価値ある存在である」「愛された存在である」という絶対的なメッセージがもたらされる。私たちがミサで繰り返し記念し、覚え、記憶するのはこの救いの出来事である。

## キリストとともに担う軛

マタイ福音書は「疲れた者、重荷を負う者は、だれでもわたしのもとに来なさい」というイエスの招きを伝えている（11・28－30節参照）。28－29節を読むと、原文では「来なさい」「負いなさい（担ぎなさい）」「学びなさい」という三つの動詞が述べられる。また「負いなさい」と言われるのは「わたしの軛」、すなわちイエスの軛である。イエスのもとで安らぎ、この謙遜な主に学びながら、主とともに、彼の軛を担ぐことへと私たちは招かれている。

私たちの人生が、荷を担って一歩ずつ進む歩みであることは変わりない。しかし、その荷はイエスが「わたしの軛」と言われる荷であり、その歩みは、荷をともに担ってくださる主キリストとともに行く道行きである。その「軛は負いやすく」その「荷は軽い」と言われる。謙遜な主に学び、新たな歩みを始めたい。

## 14　ケアというかかわりの深み

### 個と関係性の発達をめぐって

ケアに関する議論が心理学や教育学、哲学の分野で活発になったのは、一九七〇年代以降のことである。その先駆けとなった研究の一つに、女性心理学者C・ギリガンによるものがある。ギリガンはエリクソンの発達理論に多くを学びつつ、同理論で描かれるのとは異なる過程を経てアイデンティティを形成していく多くの女性たちの「もう一つの声」を聴き、それに学ぶ必要性を主張した（『もうひとつの声』参照）。

ギリガンは「愛着」と「分離」、すなわち「私」という存在を肯定する他者とのつながり（関係性）と、「私」が独自の存在として認められること（個別性）とがともに、人間にとって根源的と言えるほどに深い求めであり、発達において極めて重要な役割を持つというエリクソンの見方を受容しつつ、その「愛着」と「分離」の力学が男性と女性とでは異なるのだと訴えた。彼女によれば、思春期から成人期にかけて、男性はしばしば自らを親子的愛着の絆から「分離」し、「個」としてのアイデンティティを確立していくのに対して、女性は他者と親密なかかわりを築くことと自己のアイデンティティを確かなものにすることという二つの課題を、融合した状態で経験する傾向がある。つまり、他者との関係性の中で自己を見出し、明確にしていくと言うのである。

ギリガンはさらに、彼女が研究を通して出会った女性たちが自らの行いを評価する際の基準は、他者への慮(おもんぱか)りや共感、心配りといったケアの倫理であったことを指摘し、その倫理は、自分が人から受けいれられ、その関係にとどまるために他者の気持ちを思いやり、誰をも傷つけまいとする心配りから、成人期においては、相手のために、相手を助け支えようとしてなされる心配りへと移行していくと述べた。

ギリガンの研究は、アイデンティティ形成の「もう一つの」道筋を示した点で、多くの共感を得た。それは女性たちだけでなく、関係性を重んじる文化に生きる日本人にとってアイデンティティ形成とは何かを考える人々にも多くの示唆を与えた。

## ケアと超越への視点

さて、エリクソンによれば、人は、青年期においては自分が何をしたいと思うのか（care to do）や、どのような人になりたいのか（care to be）を見出そうとし、初期成人期には、自分は誰と一緒にいたいのか（care to be with）を知ろうとするが、大人になると、自分は誰の世話をすること（take care of）に心を砕いているかを知ろうとする（『歴史のなかのアイデンティティ』参照）。つまり、自分の関心がどこに向かっていて「私」は何をしたいのか（what I care）ということから、誰かの心配や気がかりを引き受けて（take care）、それを「私」の関心事とする方向へと移行していくという。

ケアが相手を主体とした心配りや慮りであり、そのために「私」を差し出す献身を含むことを指摘する点で、エリクソンとギリガンの見解は共通している。エリクソンはさらに、私たちが「何であれ施せるものをすべて施すことで自分の属する社会で善き意志とより高い道理を実現するという幸福」（同書）にあずかるとすれば、それは私たちが自らの小さな「個」をゆだねきることのできる超越的な存在とのかかわりを持つ時であろうと述べる。その超越的なかかわりにもとづくアイデンティティは、自己や人間の有限性を知る謙遜さを備えていると彼は言う。

## キリスト教における超越の視点とケア

成人期に成熟していく「個」と「関係性」、特に、相手の気がかりをわが身に引き受けながら相手とともに歩むケアという営みを、キリスト教の視点で捉えると、どのような経験が開けてくるだろうかと考えていたところ、H・ナウエンの『最大の贈り物』という書に出会った。この著作でナウエンは、特に死に直面する人の介護について語っており、そこで介護とは「(介護を必要としている) 人が自分の最も深い召命、神の子としての使命を完成することができるよう助けること」であり、それは「皆が同じように神の子であり、お互いに兄弟姉妹であるばかりでなく、次の世代の親となるのだという霊的な真理を死に行く人びとが自覚できるよう援助すること」であると述べる。

今、目の前の人が「神の子としての使命」を全うできるよう支えるケア。それは、苦しみのただ中にあって、誰からも見放されているように感じたり、自分を価値のないものと否定してしまう傾きにのみ込まれそうになったりする危機を生きる相手のかたわらに立ち続け、「あなたは神の愛する子です」「私たちにとって大切な方です」と伝え続けることであるとナウエンは言う。そして、私たちがともに生きる「兄弟姉妹」であるだけでなく、一人ひとりが神の子として生きる、その生きざまを通して「次の世代の親となる」よう召されているという「霊的な真理」に、相手とともに気づき、自覚し、その真理に生かされていくことにキリスト教的なケアの根本があると、ナウエンは述べるのである。

エリクソンが「世代継承性（ジェネラティヴィティ）」（本書一二二頁参照）というわかりづらい語で述べようとすることの本質を、ナウエンは何と見事に表現することだろう。世代を超えて、ケアを必要とする人に応え、この世に生み出されたものすべてに対して、そのいのちが開花するよう助け、育むかかわりを通して「私」も新たにされていくということ。そして苦しみや死という最大の危機に直面する時にも、私たちがその危機を神の子として生ききることが、次の世代の「親」となることへとつながっているということ。それをナウエンは「皆が同じように神の子であり、お互いに兄弟姉妹であるばかりでなく、次の世代の親となるのだという霊的な真理」をともに知り、ともに実現していくことだと言う。

## ケアの源泉

人生のどのような局面にあっても、私たち一人ひとりが神の子であることを思い起こし、お互いに助け合いながら神の子としての生を生きることの原点は、言うまでもなく、イエスの生と死にある。イエスは人々とのかかわりの中で、出会う相手の苦しみを知り、「深く憐れんで」（マルコ1・41他参照。原語の直訳的意味合いとしては「自らのはらわたが打ち震えるように感じて」）、「手を差し伸べてその人に触れ」癒された。相手の痛みや苦しみ、悲しみをまさに自分の痛みとして引き受けるからこそ感じる、はらわたの痛むような思い。その痛み（コンパッション）の中で、相手に向けて差し出されずにはいられなかった手。イエスの全生涯が、そして十字架上での死が、それほどまでに人間を愛してやまない神の思いを具体的に示していると、キリスト者は信じている。

その愛に触れられて、私たちはケアの源となる力を与えられる。自らを与え尽くす愛とケアは、人間の倫理的な努力だけで可能になるものではない。そうしたケアに少しでも近づくことができるとすれば、私たちの一人ひとりがそれほどまでに神に愛されている存在であることを、より深く、指の先や髪の毛の一本一本にまで行き渡るように知る恵みによってだろう。救いの出来事を思い起こすことは、キリスト者にとって、ケアの源泉から水を汲むことでもある。

## 神とのかかわりのための場をつくること

介護やケアの場面で「あなたは神の子です」ということを、文字通りことばとして伝えることは少ないかもしれない。現実はむしろ、日々の具体的なかかわりの中で、相手がそのように感じとってくれるようなケアを心がけるということだと思う。そこで私たちがまず考えるのは、相手が安心できる環境を整え、「私」は相手の傍にいて、必要とされる時にはいつでも応えられる態勢を整えておくことだろう。「私」だけでなく、今、苦しみの中に置かれている人を中心とする共同体が皆で一緒にこの人を支えることも大切だ。

ナウエンはそこで、相手の傍にいることとともに、「不在」についても言及する。彼は、相手のために、その人が安心して独りでいることを通して神とのかかわりを深めていくことのできる場を保つことも大切だと述べる（ナウエン『差し伸べられる手』参照）。それは、いつでも相手とともにいることによって相手を「私」に向けてしまうのではなく、あくまでも相手が神へと向かう「間」や「場」を大事にして確保しておくことと言ったらよいだろうか。相手と相手の内におられるキリストに尊敬と信頼をもってゆだね、「私」は次の間に控えていることと言ってもよいかもしれない。そのような尊敬をもった距離が必要だということだろう。重要なのは、相手が「神の子としての使命を完成すること」を助けることであり、それは、その相手のもっとも深いところに息づいているいのちの働きや、その存在の深みに生きているかかわりを大切にすることであるだろう。

## ともにいないことと霊による満たし

ケアにおける「建設的な撤退」という表現を、ナウエンは用いる（『傷ついた癒し人』参照）。ケアにおいてともにいることの大切さが強調される中で、ともにいないことを語るのは、一見矛盾である。相手の傍らに立ち、相手とともにいること、そして相手の必要性に応えられる態勢を整えておくこと（即応性）は、相手がどんな苦しみの内にあっても決して見捨てておかれることのない、神の愛する子であることを伝え続けるために大切なことである。その重要性は言をまたない。

しかし私たちは同時に、主イエスの「意味のある不在」を知っているとナウエンは言う。私たちが経験する交わりと喜びは、いずれ完成される交わりと大きな喜びの確かなしるしであり、希望につながるものである。この世での交わりは、それがすべてではなく、完成したものではない。「不在」は「現存」を思い起こさせ、私たちは「不在」とその痛みを通して、神による新しい創造と完成を思い、待ち望む。ヨハネ福音書は、「わたしが去って行くのは、あなたがたのためになる。わたしが去って行かなければ、弁護者はあなたがたのところに来ないからである。わたしが行けば、弁護者をあなたがたのところに送る」（16・7）というイエスのことばを伝えている。

具体的なかかわりの中では、相手を訪れてともにいることが第一にあり、その上で再来を約束して辞する、その「建設的な不在」の経験をしながら、私たちはより深く、聖霊に生かされる交わりへと導かれていくとナウエンは述べる。

## ケア――ともに聖霊に生かされるかかわり

本章を準備する過程で私の内にあったのは、今、現実に病やさまざまな苦しみの内にあって持てる力を尽くして生きようとしている目の前の人に、私たちはどのように応え、ともに生きることができるのかという問いだった。日々の具体的なかかわりと模索と祈りの中で、確かに経験され、私の内で留まっていたのは、ケアという営みが、聖霊の内にともに生かされる、いのちのかかわりであるということだ。それを何とかことばにしようと苦闘するのだが、今の私にはまだまだ難しい。

現実のかかわりの中では、相手の苦しみを本当には理解し得ず、いつでも相手とともにいることもできない自分の無力さに落胆し、疲ればかりが感じられたり、十分に相手の必要に応えて自身を差し出すことができていない私を相手に受けいれてもらっているのだと知る経験に恵まれたりの繰り返しである。そうした営みの中で、お互いにケアしケアされる相手と今ここにともにいる時間が、日常の行為や効率といった価値観とはまったく異なる、神のいのちの息吹にともに生かされる時として経験されることの深い喜びがある。

それぞれに限界を担う人間が、ともに生かされ、お互いを受けいれ合い、感謝の内に一緒にいること。ケアの現場にもたらされる、その恵みの次元に立ち戻りつつ、今日与えられるかかわりを大切にしたい。

# Ⅲ

# 新しい道——キリストとともに

# 15　悲しみと神秘

## 人生の歩みと喪失

一九六〇年代にアメリカで発表された古い研究に、人々が生活の中で経験する出来事について、そのストレスの大きさを数値化して表す試みをしたものがある。最もストレス値の高い出来事として挙げられているのは配偶者の死である。創世記には、原初の出会いの時に、人が「ついに、これこそ／わたしの骨の骨／わたしの肉の肉」（創世記2・23）と喜びの声をあげたと語られるが、そのように、パートナーとしてともに生き、その人なしにはこの「私」が「私」でなくなってしまうと思われるほどに「二人は一体となる」（マルコ10・8）歩みをともにしてきた存在と死によって分かたれる体験。それはあたかも「私」自身が失われ、引き裂かれ、これからの生を歩む力までも奪われてしまうように感じられる体験であるだろう。愛する人の死という喪失の出来事がもたらす衝撃は大きい。

同研究は人々に大きなストレスをもたらす人生の出来事として、家族の死、病気やけが、結婚、離婚、解雇、退職、家族の病気、妊娠、新しい家族が増えること、仕事上の変化、友の死、子どもの独立、住環境の変化、職場の人間関係などを挙げている。それはそのまま、私たちの人生の歩みを示しているようでもある。そこには結婚や家族の誕生など、私たちが喜び祝う出来事もあるが、それらの喜ばしいはずの出来事が「ストレス」をもたらす変化として一緒に挙げられているのは、新たな生活へと一歩を踏み出す時にはいつでも、それまで慣れ親しんできた生活を後にすることに伴う何らかの喪失と、新しい生への適応のプロセスとがあるからだろう。この研究で挙げられている人生の出来事の一覧を見ると、人間の生は数々の出会いと喪失、喜びと悲しみとが幾重にも織り込まれて形を成していくものだと、あらためて気づかされる。

## 喪失と悲嘆

現代の悲嘆研究は、悲嘆をもたらす喪失体験を、次のように整理して捉える（小此木啓吾『対象喪失』参照）。

(1) 愛する人の喪失(死別、離別など)
(2) 慣れ親しんだ環境の喪失(転居、故郷の変化)
(3) 役割の喪失(転職や転勤、退職などの仕事関係、家庭や地域社会での役割の変化)
(4) アイデンティティの喪失(価値観、誇りなど)
(5) 所有物の喪失(財産、自己を一体化させていたもの)
(6) 身体的自己の喪失(病気やけが、心身の衰弱や身体機能の低下)

悲嘆とは、本人にとって重大な意味を持つもの(右に示されるように、人だけではなく環境や役割、所有物も含めて)が失われた時に経験される、全人格的な反応である。喪失を経験する時、私たちはしばしば、呆然自失として、悲しみのあまりに心が重く鈍く閉ざされたように感じたり、抑うつ的になったり、不安でたまらなくなったりする(感情面での変化)。眠れないとか、呼吸が浅くなるといった身体面での反応が出ることもある。また、思考力や記憶力が一時的に低下したり(認知面での変化)、日常の行動が遅くなったり逆に多動になったりすること、お酒の量が増えるといったこと(行動面での変化)もあるし、人づきあいなどの面で消極的になる(社会面での変化)場合もある。そのように、喪失と悲嘆は私たちが心も体も含めて「私」という存在全体で経験するものである。悲しみに正面から向き合うことは、大きな心的エネルギーを要する「大仕事」である。

## 悲嘆と前進

グリーフワークと呼ばれるこの悲嘆のプロセスには、人それぞれの取り組み方がある。同じ一人の人であっても、異なる喪失体験に対していつも同じように悲嘆を経験するわけではない。一つひとつの喪失に固有な悲しみと、その悲しみへの向き合い方がある。ただ、いずれの場合にも、あるまとまった時間をかけて、人はこの悲しみと取り組んでいく。

この悲しみとの取り組みにおいて、私たちはいくつかの課題に向き合う。その課題とは、①喪失の現実を認めること、②喪失によって引き起こされるさまざまな反応を経験すること、③喪失の現実とその生活に適応すること、④失われた対象を新しい場に位置づけて、関係を取り直していくことなどである。

喪失の痛みと悼みの中で、それまで慣れ親しんでいた世界が崩壊してしまったかのように感じる時、人はその悲しみの反応を抑え込んでしまうのではなく、悲しんでよいということを、数々の研究は明らかにしている。失われた対象とともに過ごした日々を思い起こし、時にその経験や思い出を語り、それを誰かと分かち合いながら、その大切な存在を通して与えられた恵みや意味を再度味わい、反芻し、確認していくことは、しばしば助けになる。そうした想起や語り、分かち合いを通して、失われてしまったかに思われる過去と、一人自分だけがそこに取り残されているかのように感じられる現在とがあらためてつながれていく。その過程で私たちは失われた対象との関係を取り直していくことができ、そうすると先の展望が少しずつ開けてくる。そういったことが、数々の悲嘆の経験から明らかにされてきている。もちろん、これらの悲嘆の課題に取り組む時に、誰かがそばにいてくれると大きな支えになることは、きっと私たちの誰もが何らかの形で経験したことがあるに違いない。

## 悲嘆と信仰

さて、福音は、信じる者があらゆる喪失と悲しみの経験を免れるとは述べない。聖書にはむしろ、悲しみの内にあって嘆く人々が数多く登場する。その語りを通して聖書が伝えているのは、神はこの人々の嘆きを聴く方であり、私たちが深い苦しみや悲しみの内にある時にも、そこにともにおられるということだろう。

実際にどんな時にも、常にそのように信頼しているかと問われると、私などは下を向くしかない。しかし、福音書が描く弟子たちの姿と聖母マリアの姿を黙想していると、そこに何か私たちが経験する悲嘆の現実と、希望の方向性とを指し示すヒントが見えてくるように思われる。

### 十字架の出来事と弟子たち

イエスの十字架の出来事の後、弟子たちはどうしようもなく動揺していただろう。弟子たちにとっては、その人との出会いを通して自分自身の生き方が根底から変えられたほどに重大な意味と、いのちの方向づけをもたらしてくれた師の死という出来事である。この人を通して、愛と真理、平和と自由とが実現される現実に身をもって触れ、知ることができたのに、その愛と平和の人が無惨で暴力的な死に引き渡された。この人のまわりにいつもあった和やかさと喜びと希望とが、ことごとく打ち砕かれ、恐怖と絶望とにとって代わられた。

弟子たちにとって、それは大切な師も、また、その師に従い、夢に向かって自らをかけてきた自分自身をも否定され、打ち捨てられたように思われる出来事だっただろう。その出来事の内に意味を見出すことなど、とうてい不可能に思われ、混沌と暗黒のただ中に捨て置かれているような思いであったかもしれない。その衝撃の中で、弟子たちはばらばらに離散し、自らを閉ざしていく。福音書の記述はごく限られているが、ルカ福音書によれば、ある弟子たちは、十字架の出来事があったエルサレムを後にしてエマオに向けて歩き出し(24・13-14参照)、ヨハネ福音書によれば、弟子たちは家の戸に鍵をかけて閉じこもっていたと言われる(20・19参照)。

混乱、恐れ、疑い、怒り、絶望、自責感……。彼らを覆っていたのは、そのような感情だろうか。数人の仲間の女性たちが墓へ出かけて復活の主と出会ったことを彼らに告げるが、その希望の知らせは、彼らの耳には「たわ言のように」しか聞こえなかったとルカ福音書は語る(24・11参照)。

## 十字架のもとに立つ聖母マリア

一方、ヨハネ福音書は、聖母マリアが十字架のもとに立っていたと語る(19・25-27参照)。深い悲しみにあって、その悲しみを神への信頼の内に生きる聖母の姿は、古くから人々に慰めと励ましを与えてきたに違いない。その人々の祈りと聖母に対する敬慕は、悲しみの聖母という主題をもつ多くの歌や絵画、彫刻を生んできた。この聖母マリアの姿が示してくれることは何だろうか。

十字架のもとに立つということ。それは、第一には十字架の現実に向き合うことだろう。御子イエスが、人からも神からも見捨てられたような死を遂げたという現実。その現実を、マリアは御子イエスとともに引き受け、立っている。

ヨハネ福音書においてイエスが十字架に「挙げられる」ことは、子が栄光に「挙げられる」ことと二重の意味を含んでいる。ヨハネ福音書は、イエスのことばとして「しばらくすると、あなたがたはもうわたしを見なくなるが、またしばらくすると、わたしを見るようになる」（16・16）、「あなたがたは悲しむが、その悲しみは喜びに変わる。女は子供を産むとき、苦しむものだ。自分の時が来たからである。しかし子供が生まれると、一人の人間が世に生まれ出た喜びのために、もはやその苦痛を思い出さない」（16・20-21）と伝えてもいる。そうしたことを考えると、この福音書でイエスの「最初のしるし」の場面（2・1-11）から、イエスの傍でイエスの「時」をともにする者として描かれるイエスの母マリアが、十字架の苦しみと悲しみの時に、それをまさにイエスの「時」として受けとり、イエスとともに生きていること、そして、そこに神がともにおられるとは考えられないような深い闇の現実の中にあってなお、信頼と静かな希望を失わずに、そこに留まっていることが、十字架のもとに「立つ」という表現に込められているように思われてくる。

私たちの現実に戻るならば、十字架のもとに自らを置くことは、イエスの愛と救いのわざを思い起こしつつ、喪失の現実に向き合うことを可能にすることであるだろう。悲しみ、悼み、嘆くとともに、これまでに与えられた恵みを思い起こし、繰り返して味わい、そのまなざしでもう一度、自分の立ち位置を確認してみるということ。それは、自分の悲しみでいっぱいになって自らを閉ざしてしまっている「私」がもう一度、心からの感謝と賛美をあげ、人にも神にも開かれていく土台を作ってくれることであるだろう。

ヨハネ福音書は、イエスの「愛する弟子」がイエスの母を自分の家に引き取ったと語る。使徒言行録もまた、母マリアが弟子たちとともに熱心に祈っていたことを伝えている（1・14参照）。聖母マリアは自らの痛みと悲しみに閉じこもってしまわなかった。むしろ、その痛みや悲しみをもって、弟子たちとの交わりを生きた。そこに、自らを開き、自身の悲しみや傷を他者への共感とつながりの源としていった、愛する人の姿を思い描くことができる。

## 悲しみの聖母とともに

冒頭に引いた研究で示されている人生の出来事リストを、祈りの中で再度ゆっくり眺めてみる。すると、私たちの人生が単にストレスに満ち、何らかの解決策を要する「問題」の連続なのではなく、出会いと別れ、喜びと悲しみに彩られ、喪失とその痛みや涙の内にも何らかの意味や希望を見出し得る「神秘」であることが、涙の後に訪れる落ち着きと静けさのように、少しずつ、ゆっくりと「腑に落ちる」ようにして了解されていくように感じる。目の前の現実が、そしてそのただ中にいるこの「私」の現実が、どんなに闇深く、破綻しているように見えるとしても、そこに神はやって来られ、きっとともにいてくださる。そして、闇に沈む一人ひとりを癒し、愛と希望へと、道を開かれる。

悲しみや涙の中で、その悲しみをもたらした出来事を神秘として受けとめることは、容易なことではない。おそらくは、イエスと生活をともにした弟子たちにも難しかった。しかし私たちは、神がこの弟子たちに触れられ、彼らが復活の主との出会いを通して変えられていったことを知っている。

喪失と悲嘆を経験する時、私たちはその悲しみをありのままに、十字架のもとで、神の前で嘆いてよいのだと思う。そここそが、安心して嘆いてよい場なのだと思う。なぜなら、そこでこそ私たちは主イエスの受難と復活の意味を思い起こし、その復活の光に照らされて、私たちが愛してやまない大切な存在を与えられたことのありがたさを新たに受けとり、神の愛と希望の内に、その存在との関係を取り直していくことができるのだから。神の前で嘆くことは、愛といつくしみの主との交わりの中で、私たちが現実を受けとめることを可能にする。そこからさらなる道が開かれていく。

十字架のもとに立ち、神秘を神秘として受けとめる——。その知恵を、聖母マリアの取り次ぎを願いつつ、祈り求めたい。

# 16　知恵と祈り

## 人生の四季

日本の四季の美しさは、私たちが日々、生活の中で享受できる恵みである。都会でも、秋の深まりとともに銀杏の葉は金色に輝き、紅葉が街を彩る。朝の冷気に触れ、色づいた葉を目にすると、自然とその一年を振り返って感謝したり、過ぎ去るものへのいとおしみや郷愁を覚えたりする。晩秋は、日々の生活のまっただ中で、創造主へと戻っていく機会に恵まれている時であるように思う。

新しいいのちが芽吹き、若葉が萌える春から生気みなぎる夏へ、そして成熟と実りを迎える秋を経て、季節は冬へと移っていく。冬は何か目に見えて豊かな実をもたらす季節というよりは、むしろ枝葉を落とし、いわば素の姿になって厳しい寒さとその合間に訪れる陽の光を与えられるままに受けとり、静かに、しかしたゆまずに、いずれやって来る春を迎える準備を重ねていく時期だろう。

中年期・壮年期を人生の「秋」にたとえる表現にならうとすれば、老年期は人生の「冬」にあたる時期だろうか。外から見ると、若いころには与えられていたさまざまなものを手放していく日々に思われるが、内には年輪を増しつつ希望を育み、日々新たに生きる姿の美しさを教えてくれる時であるように思う。

## 知恵の三次元

長寿の人々にしばしば認められる内的な美しさや力は、古来多くの文化で「知恵」と呼ばれ、尊ばれてきた。人間が持ち得る特性として「知恵」が語られる時、知恵という語は経験知を意味する場合もあるが、私たちが単に「知」と言うのではなく「知恵」と言う時、そこには三つの次元にわたる人格的深みが含意されているように思う。その三つの次元とは、自己とのかかわり、人とのかかわり、そして超越とのかかわりである。知恵がしばしば長寿の人々に帰属する特性として語られたりイメージされたりするのは、多くの場合、この三つの次元におけるかかわりが育まれ、鍛えられ、深められていくために長い年月を要するからだろう。

知恵は、これまでたびたび取り上げてきたE・エリクソンによっても、老年期に深まりをみせる人格的な力として挙げられている。エリクソンの発達理論の中では、おもに自己とのかかわりと人とのかかわりという二つの次元において、知恵の特徴が論じられている。

## 人生の受容と統合

自己とのかかわりの次元ということで考えると、知恵は老年期に私たちが取り組む、人生の受容と統合という課題と深い関係がある。

老年期は多くの人にとって、それまでは自分から積極的に働きかけ、尽力して物事を成し遂げたり獲得したりすることへと向かっていた生のあり方から、むしろ何かを受けとっていく生のあり方へと、転換が求められる時期である。老年期にはどうしても、心身の機能に衰えが生じたり、それまで担っていた社会的な役割から引退したり、あるいは人生をともに歩んできた大切な誰かを失ったりする経験が多くなる。人間としての有限性に直面する多くの経験を通して、私たちはそれまでの人生を振り返り、過去を引き受けながら未来に向かって現在を生きる課題に取り組むことへと導き出される。

自らの人生を振り返る時、人にはそれぞれに多様な苦楽の経験があるに違いない。今、それらの経験を振り返って、その一つひとつが自分に何らかの意味や使命をもたらすものであったことを認め、受けいれていくこと。それは、それらの出来事を通してもたらされた呼びかけや促しに応えてきた「私」の選びや決断をあらためて受けとり直していくことでもある。そうして私たちは、一見ばらばらに思われる多様な出来事の内にそれらを貫く一つの筋を見出すことを求め、自分なりに一つのまとまりをつかむこと（「統合」）ができると、落ち着きを覚える。

人生を振り返る時、誰の人生にも失敗や挫折、思い通りにならなかった経験や傷があるに違いない。しかしそれらにばかり目が向かい、後悔や怒り、そしてもう一度やり直そうにも自分にはもうやり直す時間も機会もないという思いが心を覆ってしまう時、人は生きる目標や希望を失ってしまう。エリクソンは、この状態を「絶望」と呼んだ。

エリクソンによれば、「絶望」に傾く要素をまったく持たない人などいない。誰もが、人生に意味を見出して感謝と平穏へと導かれる「統合」と、後悔や怒り、あきらめの「絶望」との間を揺れ動く。その揺れ動きと葛藤に取り組むことこそが、老年期の諸課題を貫く主課題なのだとエリクソンは言う。そして、その葛藤を通して、人間の知恵は深まっていくのだろうと述べる。

## 知恵と希望

統合と絶望の間の葛藤という鍛錬を経て深まりをみせる知恵を、エリクソンは「死に直面しつつ、いきいきと生にかかわる態度やあり方」であると定義し、それは「かかわり合いからの撤退に本気でかかわること」でもあると述べた。愛着してやまないものを手放しつつ、希望といとおしみをもって生きること。それは、自分には変えることのできない過去や現実、そして未だ知ることのできない未来を受けいれながら、日々、何かに執着することのない信頼や自由、ゆだねや希望を生きることでもあるだろう。

知恵は、人とのかかわりの次元における広がりと深まりという要素をも持つ。エリクソンによると私たちにとっての「重要な他者」は、乳児期においては母親的な人物であるが、幼児期・児童期になると家族や同世代の友だちとなって徐々に広がりを見せ、成人期には異世代を含む人々へと広がっていく。そして老年期に、知恵は自分に特に近しい相手にのみ向けられるのではなく、血縁や地縁や利益といった境界を越えて、すべての人や生きとし生けるものの善のために差し出されるとエリクソンは述べる。

## 希望の根拠へ

さて、自分や人間存在の有限性を受けいれつつ信頼と希望をもってゆだねて生きることを考える時、エリクソンが（含みを持たせながらも）多くを語らなかった次元が開けてくる。それは、有限な私たちを確かに受けとめてくださる方とのかかわりの次元、希望と信頼の根拠である神とのかかわりの次元である。

人生の晩秋や冬にあって自らの生き方を問う時、人は先達の姿を思い起こして指針を求めるものだとエリクソンは言う。聖書がこの神とのかかわりの次元を生きた多くの先達の姿を伝えてくれていることは、私たちにとって恵みである。

## シメオンとアンナの希望

ルカ福音書は降誕物語の後半部に、生まれたばかりの幼子イエスに神の救いのわざの実現を見てとった二人の高齢の男女、シメオンとアンナの姿を伝えている。

ルカ福音書2章22節から40節では、ヨセフとマリアが律法に定められていたとおりに幼子イエスを主に献(ささ)げるため、エルサレムの神殿に上ったことが語られている。そこにまず登場するのがシメオンである。彼は「正しい人で信仰があつく、イスラエルの慰められるのを待ち望み、聖霊が彼にとどまっていた」（25節）と言われる。

シメオンが待ち望んでいた「イスラエルの慰め」とは何か。「慰め（パラクレーシス）」という語は、助けを必要とする者の傍らに呼び寄せるという意味を含んでいる。私たちの傍らに立ち、力づけ、決して私たちを置き去りにしない助け手がいてくれる時、私たちは深い慰めを得る。本当に助け手となってくれる方とは、わが身を切ってまで相手を生かそうとする方であるだろう。何か強硬手段を講じて、人格的なかかわりなしに一方的に状況変化をもたらすような救いではなく、真の助け手である、メシアが来てくださることによってもたらされる慰めや救いと平和。シメオンはイスラエルにその慰めがもたらされることを待ち望んでいた。実直に、自分だけではなくイスラエルの民全体の救いを求めて、聖霊の働きの内に、つまり神とのかかわりの内に待っていた。

一方アンナは「非常に年をとって」いた人で、若い時に「夫に死に別れた」人である（36－37節）。二千年前のユダヤ社会で、若くして夫に先立たれた女性の苦労や悲しみはどれほど大きかったことだろう。彼女は「神殿を離れず、断食したり祈ったりして、夜も昼も神に仕えていた」（37節）。自らの嘆きや悲しみ、苦悩と願いをありのままに神の前に置き、神とのかかわりの内に日々を生きていたのだろう。

福音書はごく短く、彼女が「近づいて来て神を賛美し、エルサレムの救いを待ち望んでいる人々皆に幼子のことを話した」（38節）と語るだけである。ここで「話した」という語は、原語では繰り返し話していたという意味合いが含まれる形で用いられているから、彼女は熱心に、何度も人々に幼子誕生の喜びを告げていたに違いない。彼女は彼女自身が経験した長年の苦しみや悲しみ、痛みを通して、人々の内にある痛みも、その救いを待ち望む切実な思いも深く知っていたのではないだろうか。その思いは人々と一つであっただろう。

シメオンもアンナも、人々とともに、慰めと救いを待っている。彼らは「私」の願いだけがかなえられることを夢見心地に待っているのではない。「私たち」の救いを、神から与えられている約束が実現することを、祈りつつ待ち望んでいる。夜も昼も、与えられるこの「今」を、希望をもって神と人々との交わりの内に生きている。

### 救いの確信と賛美

そのように「今」の現実を神とのかかわりの内に生ききる日々を重ねてきたからこそ、

シメオンは幼子イエスを腕に抱いた時に、「今」が「その時」であることを知ったのだろう。彼は、「主よ、今こそあなたは、お言葉どおり／この僕(しもべ)を安らかに去らせてくださいます。／わたしはこの目であなたの救いを見たからです」（29－30節）と述べて、神を賛美する。

まだ生まれたばかりの小さな幼子に、シメオンは神の救いを見た。幼子を腕に抱いて、この幼子を通して神の約束が実現していることを知った。幼子はまだ、人々の具体的な問題を解決するわけではない。にもかかわらず、シメオンは救いの実現を知る。彼にとっては自らの腕に抱くことができた幼子が、何よりも具体的なしるしなのだ。彼は喜びにあふれ、「この目であなたの救いを見た」と歌う。そして彼は、その救いがイスラエルの民だけでなく、異邦人をも含む「万民のため」（31節）のものであると述べる。

「この目であなたの救いを見た」という確信は、神の前に偽りなく、日々与えられている現実を聖霊の働きの内に受けとり、現実の中に神のより大きな救いのわざを見出す営みを重ねていたであろう老シメオンだからこそ得られた確信であり、知恵なのだろう。その確信と喜びは「万民」と分かち合われる。

## 夜ごとの祈りに

カトリック教会では伝統的に、夜寝る前の祈りの中でシメオンの賛歌を歌う。一日の終わりにその日にあった出来事を振り返り、いただいた恵みを味わいながら歌う。そのようにして私たちは、日々賛美と感謝の内に「終わりを生きる」ことをならう機会をいただいている。私などはつい「あれもこれもまだできていない……」と未完了の仕事の心配が心を占めて、落ち着きのなさや挫折感を抱えたまま布団の中に沈み込んでしまう夜が多いのだが、シメオンやアンナの姿から学ぶのは、現実を謙虚に受けとり、自らの痛みや挫折の中で、それを通して人々の痛みや苦しみとつながってともに待ち望み、祈ることだろう。

夜ごとに、今、与えられている現実を素の姿で受けとる恵みを願いたい。そしてその現実の内に入ってこられ、私たちの限られた営みを受けとり、完成へと導いてくださる方にゆだねることを、日々学びたい。その日の出来事の内に、神の働きと救いのしるしを見出す目が与えられますように。そして、すでに与えられている小さなしるしの内に「私たち」の救いが実現していることを感受し、感謝し賛美して、信頼のうちに生きる恵みが与えられますように。

# 17　老いの孤独と希望

## 子どもたちの力

おじいさん、おばあさんと幼い子どもたちが仲むつまじくしている姿は、いつ見てもほほ笑ましい。ふだんは気難しくて、なかなか人をそばに寄せつけない雰囲気を漂わせているおじいさんが、幼子に「じいじ」などと呼ばれて相好を崩していたりすると、子どもたちが持つ、人の心を開く力の大きさに感服する。

この人は気難しいからとか、この人は何々だから……といった先入観なしに、子どもたちは初めから相手に受けいれられることを前提としているかのように、単純な信頼をもって相手に近づいていく。子どもたちがそのように心を開いてくれるので、大人はいつの間にか身につけてしまった固い殻を瞬時に溶かされて、自然に、表情にも物腰にもその人本来のやわらかさと温かさと、人と出会う喜びを取り戻す恵みにあずかることになる。

## 時を超える出会い

老人と子どもが心を通い合わせる物語の一つにフィリパ・ピアスによる『トムは真夜中の庭で』という児童文学作品がある（以下、引用は同書による）。

物語で少年トムは、弟と一緒に庭の木に登って遊ぼうと長期休暇を楽しみにしていたのに、その弟がはしかにかかって、自分はアランおじさんとグウェンおばさんの家に預けられてしまう。町の中にあるおじさんたちの家はアパートで、庭もなければ子どももいない。もとは古い邸宅だったというそのアパートの玄関ホールには、家主であるバーソロミュー夫人が大切にしている大きな時計が置かれていた。その時計は、文字盤上では針が正確に時を刻んでいるのだが、時刻の数だけ正確に時を打つことはほとんどない。トムが到着したその日にも、針は五時を指していたのに鳴ったのは一度だけだった。

はしかに感染している疑いがあるということで、トムはほとんど外出を許してもらえない。運動不足だから夜眠くもならない。退屈な毎日である。そんなある日、眠れずにいたトムは、深夜に大時計が十三回、時を打つのを聞く。文字盤はいったい何時を指しているのだろう。部屋を抜け出して大時計を見に行ったトムは、ふだんは開いていないドアの先に、美しい庭園が広がっているのを発見する。驚いたトムは翌日の昼間にアパートの裏を確認するが、庭はやはりない。その庭は夜中にだけそこに現れるのだ。冒険心をくすぐられて、トムは毎晩のように、その「真夜中の庭」へ出かけていく。

彼はそこでハティという女の子に出会い、仲良く遊ぶようになった。退屈していたトムの日々は一転。彼は家に帰る日が迫ってきても帰りたくないとさえ思う。いよいよ家に帰るという日の朝、彼はちょっとした騒ぎを起こしてしまった。彼は家主であるバーソロミュー夫人に謝罪をしに出かけていくが、そこで、この老婦人が年齢を重ねたハティであることを知る。

「真夜中の庭」はバーソロミュー夫人の幼いころの思い出の世界であったらしい。初めは自分がハティだと名乗るバーソロミュー夫人の言うことを信じられなかったトムも、彼と話をする時の夫人の目の輝きや仕草に、「庭」で会った幼いハティと確かに同一のものを見て取る。二人はすっかり打ち解けて話をし、お互いが夢の中の幽霊ではなく、今、現実に生きている存在であることを喜び合う……。

## 老いと孤独

この物語で少年トムとバーソロミュー夫人とは、二つの共通点を通して不思議な、しかし無二の出会いをしている。その一つは、孤独である。少年トムは家族から引き離され、良心的なおじ・おばの家とは言え「よそ」の家に預けられて遊び相手がいない。バーソロミュー夫人のほうは、すでに伴侶と死に別れ、一人ひっそりと暮らしている。

物語中、バーソロミュー夫人は、近所で少し煙たがられている存在として描かれている。彼女は家の三階に住んでいて、なかなか姿を現さない。古びた時計のこととなるとうるさくて、子どもは嫌いらしい。周囲の住人にとっては、あまりかかわりたくないけれど、ご機嫌を損ねたくはない老家主……といったところだろうか。

町中のアパートではしばしばそうであるように、ここの住人たちにとってバーソロミュー夫人は、老家主、つまり家主という役割を持つ一人の老人であって、この人がその生涯で何を経験し、どのような喜びや痛み、悲しみを生きてきたのかといったことには、大した関係がない。住人たちの関心はおもに、自分とその家族の仕事や日々の暮らし、そして新聞を賑わせている世間の出来事といったことに向かっていて、同じ屋根の下に暮らす一人の老人には向かわないのだ。「バーソロミューさん」を一人の人格として、一対一で向き合ってお茶を飲んだり話をしたりして知り合おうとする人は、このアパートにはいない様子である。

彼女にも、かつては少女ハティの時代があり、その彼女を愛したバーソロミュー氏と家庭を築く日々があった。しかし、その伴侶と死別して年月を重ねた今、彼女は自分の家に住みながら、そばに彼女の人生や人となりを直に知り、受けいれ、支え合ってともに生きる人はなく、「よそ者」のように暮らさざるを得ない孤独を生きている。彼女が彼女であり、この家が自分の家であることを確認する数少ないよりどころが、彼女にとってはあの古時計であるのだろう。

少年トムの孤独は、家族との一時的な別れや自分を対等な存在として受けいれてくれる友の不在、慣れない環境や生活への適応といったことから来る孤独だろう。バーソロミュー夫人の孤独は、それと共通するところはあるものの、より深く根源的な孤独と言ったらよいだろうか。この世では生きて再び会うことのない別れや、自分の家に住んでまわりに人がいるにもかかわらず、自分が「よそ者」であるかのような状況の中で経験される老いの孤独は、人間の存在そのものにかかわる、より実存的で深い孤独であるように思われる。

## 大人たちの「時間」と二人が生きる「時」

トムとバーソロミュー夫人とが持つ、もう一つの共通点は、生活の中心に日常の仕事や世間の常識的な論理があるアランおじさんたち「大人」とは異なる時を二人が生きていることである。普通の「大人」たちにとって、古時計の文字盤が刻む正確な時間には意味があるとしても、同じ時計がでたらめに打ち鳴らしているとしか思えない「時」は耳障りなだけで意味がない。しかし、その時計とともに長年生きてきたバーソロミュー夫人と、その奇妙な時計から何か呼びかけられているように感じるトムにとっては、古時計が打ち鳴らす時にもまた、何か特別な意味がある。そうした「時」への感性を持ち、その「時」を大切にすることを通して、二人は出会い、心を開いて知り合っていく。

　物語にはもう一人、トムやバーソロミュー夫人と同じ「時」を生きていると思われる人物が登場する。アベルという園丁である。彼もまた家族がなく、孤独の中に置かれていたことが示唆されている。彼は、幼くして両親を失ってこの家に引き取られてきたハティの悲しみや寂しさをよく理解し、いつでもハティを見守っている。彼は「真夜中の庭」で、ハティのほかに唯一、トムの姿を認識して会話を交わすことができた人物である。

　彼は、いつでも聖書を読み、サンドイッチ一切れを口にするごとに感謝の祈りを献(ささ)げる人物でもある。ハティを心配するあまり、トムには多少疑いの目を向けているが、トムとハティが時間と時の不思議を解明しようとする中で勝手にアベルの聖書を開いていたところに出くわすと、「聖書のなかには、まことの道と救いが書いてありますから、聖書を読む人間がまるきり地獄におちてしまうということはありますまい」と言って、怒ることなくその場を収めてくれた。アベルは幼いハティに目を向けながら、素朴に「今」という時を神とのかかわりの内に生きている。

## 「時」といのちの共有

さて、物語では、古時計の文字盤に描かれている絵が「時」について何事かをトムとハティに指し示している。その絵は、大きな翼を二つ持つ生きもので、「海と陸の上に両足を踏ん張って、ひらいた本を手にしている天使のような存在」である。物語の後半で、トムとハティはその絵がヨハネの黙示録10章2節に語られる天使であることを突きとめる。トムは、時計の内部には「もはや時がない」（同10・6）ということばも刻まれている。トムは、時間とは何だろうかと考える。

トムが時間について得た、彼なりの考察は次のようなものである。彼は言う。「人間は、それぞれべつべつな『時』をもって」いるけれど、「ほんとうはだれの『時』もみんなおなじ大きな『時』のなかの小さな部分」なのだ。そうして私たちは「だれかよその人の『時』のなかへ、『過去』のなかへ」と入っていくことができて、それが自分にとっては現在であり得るのだと。

実際にトムとハティ（バーソロミュー夫人）は、それぞれが別の「時」を持ちつつ、その両方がより大きな「時」の一部であることを知り、お互いに相手の過去や未来とかかわりながら、それを現在のものとして経験したのである。少年と老女は、そうして人格と人格として出会い、お互いに今を生きる者として認め合う関係となった。老年期の深い孤独の内に生きていたバーソロミュー夫人は、トムとともに自らの来し方をたどり、断ち切れていた過去を今とつなぎ、それを通して「私」を取り戻していったように見える。「わたし、ハティですよ」と優しく、うれしそうに名乗る彼女は、今や、新たに今を生きる目の輝きと喜びを持っている。彼女はトムをも新たな生へと送り出す。

## 変わりゆくものの中で

『トムは真夜中の庭で』の著者フィリパ・ピアスは、同書のあとがきで、私たちにとって実に信じがたいことは、時間が人間にもたらす変化であると語る。子どもたちは、身近な大人の若いころや幼いころの写真を見ると、彼らが知っているその人の姿との違いに驚き、声をあげて笑う。確かに私たちは変わってゆく。しかし私たちが旧友に会った時に感じるように、時を経て外見は大きく変わるとしても、その人が子どものころから持っていたその人らしさが、その表情や仕草の端々に生きていることも多い。私たちの内には時を経て変わってゆくものと、変わらずに「私」としてあり続けるものとがある。

老年期の孤独の深みに潜む恐ろしさは、社会的な役割や家族、さらに自身の心身機能の衰えや喪失を経験する中で、他者や社会・世界とのかかわりだけでなく自分自身とのかかわりまでもが失われて、「私」自身の過去と現在、そして現在とこれから先とのつながりまでも見失われてしまうところにあるのではないだろうか。「私」の人生はたくさんの物語や宝に満ちているのに、その豊かさが誰からも顧みられず、「私」の中でも力を失って、本来「私」がそこから来てそこへ帰っていくはずの家がどこにもないように感じられる寂しさと孤独はいかばかりだろう。

しかし、その寄る辺なさやかかわりの断絶の中でこそ、より根源的なかかわりの次元が開かれていることを思い起こしたい。それは、すべての時を治める方である神とのかかわりの次元である。この方は、私たち一人ひとりに対して、「恐れるな、わたしはあなたを贖う。／あなたはわたしのもの。／わたしはあなたの名を呼ぶ。／水の中を通るときも、わたしはあなたと共にいる」「わたしの目にあなたは価高く、貴く／わたしはあなたを愛」する（イザヤ43・1－2、4）と語りかける方である。この方はまた、『トムは真夜中の庭で』の物語中に引用されていたヨハネの黙示録でも告げられているように、歴史を完成へと導く方であり、その過程で私たちの日常の限りある営みや人間的な理解を超える出来事をも用いられる方である。

私たち一人ひとりを、名をもって呼び出され、いつもともにいてくださる方。そして弱く限界だらけの私たちの営みを完成へと導かれる方。「私」が「私」であることをもっともよく知り、受けとめてくださる方から「今」この時に送られる愛の声に耳をすませていたい。その方のもとにこそ、私たちが帰ってゆき、癒され、ともにいのちの食卓を囲む「家」がある。私たちが心の深いところでこの父なる神の語りかけを受けとる時、私たちはあらためてすべてのかかわりへと開かれて、新たな希望を見出すことができるに違いない。

# 18 希望のかけ橋

## 二つの手押し車

抜けるような青空と穏やかな日ざし。木々の葉がところどころで金色に輝き、足元には小さなどんぐりがころころ転がる、晩秋の小さな公園。平日の午前中は、東京と言えどもゆったりとした時が流れている。芝生で遊ぶ親子もいれば、リハビリだろうか、手押し車を前に、注意深く身体をあずけるようにして一歩一歩進む、ご高齢の男性がいる。母娘らしい女性の二人連れもいる。お母さんらしき方が杖をつきながらゆっくり歩き、その腰に触れるか触れないかといった感じで、もう一人が手を伸ばして寄り添っている。

そこへごろごろと低い音をたてて近づいてきたのは、保育園児たちのお散歩だろうか。手押し車と言っても、こちらは荷車のような車に六人の小さな子どもたちが仲良く乗って、保育士さんに連れられてやって来る。皆、おそろいの黄色い帽子をかぶって、ひよこのように愛らしい。男性の保育士さんが手押し車を止めて、子どもたちを一人ずつひょいと抱き上げて芝生の上にそっと降ろすと、それまで一かたまりだった黄色のつぶつぶが、思い思いの方向へとかわいらしく広がっていく。ある子はお散歩している犬のほうへとことこ歩いていき、他のある子はお友だちと手をつないで楽しそう。もう一人の子は、保育士さんに抱き上げられて降ろしてもらった、その感覚をもう一回楽しむかのように、その場でぴょんと跳び上がり、ちょっと膝（ひざ）を曲げて着地して、両手をあげてうれしそうに笑っている。

それぞれに生き生きとしている子どもたちの様子は、なんとも微笑ましい。そして高齢の方々がそれぞれの一歩を刻みゆく姿には、その人生の重さに頭が下がる思いになるのと同時に、何か他人事でない身近さがあり、身につまされる思いがする。一周数百メートルの公園は、いのちのサイクルのさまざまな段階が出会う輪になっている。

## ホップとホープ

エリクソンは、子どもがぴょんと跳びはねて（ホップ）遊ぶことと希望（ホープ）とを、関係深いものとして見ていたようだ。幼い子どもたちは跳びはねることが大好きだ。その小さな跳躍は、重力という所与の制限の中で自分に可能な活動を自由に試してみる、素朴な遊びとして捉えることができる。同時に、その跳躍は、空中に跳び上がった不安定な体をしっかりと受けとめてくれる大地があるという、世界に対する信頼や、膝を曲げて安全に着地することができるという、自分に対する信頼、そしてそばで見守り必要に応じて手を貸してくれるまわりの大人や他者に対する信頼にもとづいて、初めて楽しい遊びとなる。

公園で出会った幼い子は、大人に抱っこしてもらってふわっと空中を舞い、芝生の広がる園地に安全に着地した経験を、もう一度確かめてみるように、そしてその感触を楽しむかのように、自分の足でぴょんと跳んでみていた。それは、エリクソン的な視点で捉えるならば、過去の経験を自分の意志において模擬的に再体験し、今、自分が置かれている現実の中で、その経験に含まれるいくつかの要素を自由に反復してみることである。その営みを通して、子どもは自己の能動性を確認し、また、将来実現するかもしれないこと（たとえば手押し車やベビーカーから自分でぴょんと跳んで降りること）を思い描き、希望という、生き生きと生きる力を身につけていく。

人生の最初期である乳児期には、人は、生活全般にわたって親をはじめとする周囲の人々からの善意や愛と世話を受けることなしには生きていくことができない。その中で、赤ちゃんがそのまわりの人々との生きたかかわりを通して、安心していて大丈夫という感覚を経験することは、その子の人生にとって非常に重要な意味を持つとエリクソンは言う。自分を取りまく環境や人々が自分に危害を加える存在なのではなく、安心していてよいという経験を重ねて、自分や他者、社会・世界に対する基本的な信頼は育まれていく。

エリクソンは、「基本的信頼」対「不信」という課題との取り組みを通して「希望」という力がその人に備わっていくと述べた。その希望とは、今ここに存在している現実をよく「見る」ことと、今はまだ実現していないとしても将来実現するかもしれないものを信頼のうちに「見る」こととという、二様の「見る」力を含むものである。現実をよく見て受けとり、信頼に支えられて将来へとまなざしを向けて、人は今ここで喜びとともに跳ぶことができるのだろう。

### 老いと希望

さて、エリクソンのライフサイクル論に示される、人生最後の段階である老年期に私たちが向き合う課題は「統合」と「絶望」の間の葛藤を経験することである。老年期において、人はその身体面においても、精神面においても、また共同体的なかかわりの面においても、さまざまな喪失を経験する。ともすれば容易に「絶望」へと傾いてしまいそうな、厳しい時を歩みゆく課題と言ったらよいだろうか。

エリクソン自身も、晩年には眼の病気で長時間の読書ができなくなり、ガン手術後の感染症や薬の副作用に悩まされ、転倒による骨折のために歩くことが難しくなるなど、身体的な機能の喪失とそれに伴う心の痛みや苦しみを経験している。認知機能においても、彼の多くの著作に見られた、独特の観察力や文章表現力などが失われていき、最晩年には、彼は、長年研究や著述や教育の場で用いた英語ではなく、母語のドイツ語混じりでことば少なに話をしたという。また、かつて彼に学んだ人々から著作を徹底的に批判され、人に理解されない悲しみをも経験した。

自律性の喪失や、能動的に誰かを世話する仕方でのかかわりから自分が世話を受ける側になるかかわりへの転換、それまでに築いた親密なかかわりが失われたり疎遠になったりすることの悲しみや嘆きは、老年期を生きる人の、これが「私」であるという感覚を脅かす。自分が家族の重荷になっているのではないかと思って生きる喜びや意味を見失ってしまったり、それまで大切にしていたすべてが失われるように感じて希望を失ってしまったりすることもあるに違いない。そうした希望の喪失を時に経験しつつ、それでも「死そのものに向き合う中で、生そのものに対する聡明かつ超然とした関心」を持ち続け、人と、世界と、いのちそのものとかかわっていくこと。そして、人生各期の経験を、この「私」を形づくってきたものとしてあらためて受け入れ統合していくこと。それが、老年期の課題なのだとエリクソンは語った（『ライフサイクル、その完結』参照）。

エリクソンによれば、人生最後の時期に私たちが向き合うことになる、この難しい課題に取り組むためには、人生最初期に遊びの中で喜びと信頼のうちにぴょんと跳ぶことの内に身につけた、あの希望の成熟した形が必要である。エリクソンはそこに、信仰ということばを置く。人生最初期に与えられる、萌芽的な希望と、老年期の希望喪失の危機にあってなお私たちを生かす希望。両者の間にあって希望のかけ橋となるのは、人生の各期に養われ、鍛えられ、深められていのちの歩みを支え導く、信仰であろうとエリクソンは言う。

## 非存在の影

人生の始まりと終わりとには、相互に意味深いかかわりがある。人生の歩みを始めたばかりの幼子と、永年の歩みを重ねてきて今老年期を生きる高齢者。エリクソンによれば、両者はともに「非存在の影」と向き合う人々である（前掲書）。食べることやどこかへ移動すること、排泄すること、そして見ることや聞くことなど、彼らはともに、自らの生の基本的な部分を自力でコントロールすることのかなわない状況にしばしば置かれており、「私」に関するさまざまなことを、受けとる存在である。

よく考えてみれば、実は誰もが自分の生にかかわるさまざまなことを受けとって生きているのだが、ある程度自分でコントロールできると思っている人々は「非存在の影」を忘れて日常を生きる。その点、自らのいのちをゆだねて生きる人々は、存在と非存在の境を鋭く感知する。「非存在の影」を感じながら生きることは、存在そのものや、いのちの源を身近に感じながら生きることであるだろう。「非存在の影」を大きく感じながらも、なお、いのちの源に目を上げ、その神秘の内にいのちそのものの善さや愛に抱かれ、安らいでいること。そこに希望があり、信仰がある。

## 貧しさと幸い

「心の貧しい人々は、幸いである、／天の国はその人たちのものである。／悲しむ人々は、幸いである、／その人たちは慰められる」（マタイ5・3－4）とイエスは言われた。

貧しさを意味する原語は、元来、無一物で誰かに乞う以外にないほどの厳しい貧しさを表すという。今日生きるということが自力では到底かなわず、ただ受けとることだと知っている人々に、そしてその人々にこそ、神の国は開かれているということだろう。なぜなら、この人々こそ、「非存在の影」を感じ、日々その脅かしに身を置きながら、真により頼むべき相手を身近に、自らの実存の底から知っているのだから。この人たちは慰めをも与えられると、イエスは言われる。

また、イザヤ書は、「あなたたちは生まれた時から負われ／胎を出た時から担われてきた。／同じように、わたしはあなたたちの老いる日まで／白髪になるまで、背負って行こう。／わたしはあなたたちを造った。／わたしが担い、背負い、救い出す」（イザヤ46・3－4）ということばを伝えている。前半では、聴き手である「あなたたち」がこれまでも常に負われ担われてきたことを告げ、思い起こさせ、後半では「わたしは」という一人称主格の語が繰り返されて、担い主が忠実に徹底して人々を担い、背負い、救い出すと告げられる。

第二イザヤと呼ばれる、バビロン捕囚期の預言者のことばに含まれるこの箇所は、注解書によると、バビロニアの祭儀では神が獣たちに担われているのとは異なり、イスラエルの神は、人間に担がれて人間を圧迫して君臨する存在ではないことを告げているという。聖書の告げる神は、ご自分のほうが自ら人間を担い、背負って救い出そうとされる。これまでそうであったように、これからも、いつも、人間を担われる。

## 復活のいのちと希望

再度、新約聖書に戻ると、ヨハネによる福音書は11章で、イエスがマルタとマリアの兄弟ラザロにいのちを与えた話を伝えている。兄弟の死を嘆くマルタに向かってイエスは言う。「わたしは復活であり、命である。わたしを信じる者は、死んでも生きる。生きていてわたしを信じる者はだれも、決して死ぬことはない。このことを信じるか」(ヨハネ11・25－26)。

ヨハネ福音書記者は、しばしば一つのことばに二つの次元での意味合いを含ませて語るが、この箇所も、身体的な生命と、キリストの復活のいのちとが重ね合わせて語られているだろう。新約聖書はこぞって、イエスが「非存在の影」の脅かしにさらされて生きる人々のただ中にやって来られ、すべてを与え尽くしてこの人々にいのちを与えられたことを告げている。主キリストは、人々を担って救い出す父なる神の愛を具体的に生き、それゆえに苦しみに引き渡され、十字架につけられ、栄光に上げられて、今は復活して私たちの中に生きておられる。ヨハネ福音書も、11章でラザロにいのちをもたらしたイエスが、12章以降で死に定められていくことを語っている。それほどまでに、神は人々を愛された(ヨハネ3・16参照)。このイエスを信じ、イエスにつながっているならば、その復活のいのちにあずかって「死んでも生きる」と言われる。愛によって、愛のために生き、苦しみや痛みをもキリストの十字架に合わせて受けとり、心をこめて生きられたその生は、決して「非存在の影」に呑み込まれることがない。キリスト者の希望とは、この復活のいのちを生きる希望であるだろう。

今この瞬間を、一呼吸一呼吸懸命に生きる一人ひとりが、そのただ中にこそ来られる方に出会い、いのちの息を与えられて、日々新たにキリストの復活のいのちに生きることができますように。この一人ひとりが、そしてその人につながる家族や友が、「非存在の影」の脅かしを感じて天を見上げるしかない時、どうか神の愛のまなざしに出会い、希望と慰めをいただくことができますように。そして私たちが、この同じいのちに生かされて、お互いに仕え合い、ともに歩む恵みにあずかることができますように。

# 19　扉を開いて

## 信仰の先達

人は老境に入って自らの生き方を問う時、しばしば先達の姿を思い起こして、そこから何らかの指針を得るものだと心理学者エリクソンは言う。教会は多くの先達に恵まれている。聖人となった教皇ヨハネ・パウロ二世の姿を思い起こしてみたい。

人を愛し、数多くの言語を駆使して自ら直接人々に語りかけた、ことばの人。そして「空飛ぶ教皇」と呼ばれたほど精力的に出かけ、世界中に福音を宣べ伝え、ゆるしを乞い、和解を訴え、平和のために尽くした、行動の人。さらにその晩年には、病と老いの中で、その身に起きることを受けとりつつ自らを差し出し続けた、苦しみの証し人。その教皇ヨハネ・パウロ二世が一九七八年十月に教皇職に就いた際、まず人々に向けて呼びかけたのは、「恐れてはなりません。キリストに向かって扉を開きなさい」ということばだった。そのことば通り、どんな時にも恐れずにキリストに向かって扉を開き続けるということを、元教皇はその生涯を通して、身をもって私たちに示したように思われる。

## ことばの人

教皇ヨハネ・パウロ二世として私たちが知る人、カロル・ヴォイティワの生涯を、便宜的に三つの時期に分けるとすれば、第一の時期を少年および青年カロルの時代（一九二〇－四六年、カロルが二十六歳で司祭に叙階されるまで）、第二の時期を司祭および司教ヴォイティワの時代（一九四六－七八年、五十八歳まで）、第三の時期を教皇ヨハネ・パウロ二世の時代（一九七八－二〇〇五年）として捉えることができるだろう。

少年カロルは九歳で母と死別し、その数年後には兄を病気で亡くしている。父親に育てられたカロルは、子どもの頃からいつも彼の傍らに座って本を読んでくれた父の影響を受けて、本好きの子になったと言う。彼は次第に文学と戯曲に熱中するようになり、大学では文学と言語を学ぶことを志した。大学在学中にはその父までも病で失い、彼は石切り場で働くようになるが、読書と演劇からは離れなかった。

ポーランド伝統の吟遊詩劇を美しく朗読することが、演者と聴き手の双方を時間も空間も超える世界へと導き、何らかの鼓舞する力を人に与えるということを、青年カロルは経験していたらしい。後に彼はことばについて、私たちが「それを巧みに操れるようになる以前から人間に生まれつき備わっている特質であり、人間の精神的体験の根源的な姿として既に人間生活の中に存在して」いると語り、「最終的に言葉というものの不可解性は、探索することのできない神ご自身の神秘へと私たちを連れ戻すのです」と語っている（教皇ヨハネ・パウロ二世『怒濤に立つ　教皇ヨハネ・パウロ二世自伝』参照）。彼は、「言葉というものの力をしみじみと味わうようになるにつれ、私はみ言葉の神秘――毎日お告げの祈りで唱える〈言（ことば）は肉となって、わたしたちの間に宿られた〉（ヨハネ1・14）――に一層近く惹きつけられずにはいられなくなりました」とも述べている（同書）。

若き労働者として働き、労働者仲間と身近に接するうちに、彼は人々の優しさに触れると同時にその生活状況を知ったと言う。一方、ポーランド国内では第二次世界大戦の影響が深刻化し、広がりゆく戦争の悲惨が身近に経験されるようになった。カロルはそうした日々を通して、人間の権利や価値、尊厳を問い、考え、司祭としての召命を確かにしていく。

後にローマでの神学の勉強を終え、司祭となったヴォイティワが戻った母国ポーランドは、共産主義政権のもとで厳しくことばが制限される社会であった。しかし司祭としてのヴォイティワは、新聞などの出版が制限される中、自ら出かけていっては直接、信者たちに会い、語りかけ、励ますようになる。彼は自ら若者たちと一緒にスポーツをし、人々と交わりながら、その肉声をもってことばを語った。ことばを通して人間が時間や空間を超えて神秘に導かれ、真理と出会うことを確信し、また、ことばが人間の内から語りだされる時に働く力に信頼していたのだろう。

## 行動する主体、人格

ことばは単なる音の振動として人間に知覚されるのではない。人間はことばを受けとめ、理性や意志、感情をもってこれに応える存在である。そのように人間がことばを内的に「経験」することができるからこそ、ことばは力を持つ。ヴォイティワによれば、人間は単に外的な環境から規定されるような存在ではなく、むしろ、主体的に行為する存在である。すなわち、その人に働きかけ示されるものを、自由に受けとめ、自ら主体的にこれに応えるという仕方で行為し、経験し、自己を選びとっていく人格存在である。

この人間に向けて、神は語りかけられる。つまり、神からの働きかけと人間の自由な、全人格的な応答があって、そこに救いが実現していく。そして、その完全な啓示と救いの出来事は、イエス・キリストを通して実現している。後にヴォイティワが教皇となって最初に出した回勅『人間のあがない主』で、彼は次のように語る。

「人間は愛なしに生きることはできません。人間にもしも愛が示されないなら、人間がもし愛に出合わないなら、もし愛を体験しないなら、もしそれを自分のものとしないなら、もしそれに心からあずからないなら、人間は自分自身にとって不可解なものであり、その生活は意味のないものです。まさにこのような理由で、あがない主キリストは、すでに述べたように、人間を人間自身に完全に現しました」(10)。

真に人間として生き、すべての人間を受けいれる愛を徹底して生き、その貫徹として十字架上に死し、真の苦しみと孤独を自らのものとしたイエス・キリストの生と死と復活を通して、神の愛のわざがまったき現実となった、救いの出来事。人間のあらゆる弱さをその身に引き受けたキリストを通して、すべての人が神と再び結ばれたということ。回勅は続けて、「人間が『このような、また、かほど偉大なあがない主』を持つに値したとすると、また、『滅びないで、永遠のいのちを得るよう』、神がその『御ひとり子』を賜うたとすると、人間は創造主の前にどれほど貴いものでなければならないでしょうか」(同)と述べる。

## 想起と信頼、祈り

教皇ヨハネ・パウロ二世は、その少年・青年(カロル)時代と壮年(司祭・司教ヴォイティワ)時代に、身をもって家族との死別という大きな悲しみを経験し、また、ナチズムと共産主義により、恐怖や圧政、他者を簡単には信頼しないことが当たり前だった環境を生きた人である。その彼は、なぜ恐れずに自らの扉を開き、他者に向かい、キリストに応え続けることができたのだろうか。

二つのことを考えてみたい。第一は恵みの想起と信頼である。一九六四年、クラクフの大司教に着座した時、彼は「クラクフの教会は母親がその子を産むように私を産みおとしてくれた」と述べたという(M・マリンスキ『ヨハネ・パウロ二世』参照)。そして大司教としての責任感について触れ、「この責任感が不安にならないのは、信仰の光で自分をすべて王キリストとその母とにゆだねるようにつとめているからである。……どんな境遇にある人にも与えられる深い神のおめぐみに信頼することは、人間への信頼につながる」と述べている（同書）。これまでの自身の歩みのあらゆる瞬間に与えられてきた愛と恵みを思い起こし、そこに働いている神の導きに信頼し、すべてを聖母マリアにゆだねることが、あらゆる人への信頼につながっていると言う。

第二には、言うまでもなく祈りだろう。彼が黙想指導をした際の記録の一つには、黙想のはじめに、神に向かう心の道筋を表すものとして、十字架の聖ヨハネのことばが紹介されている。

「知らないものに近づき／知らない道をたどるには／もたないものに近づき／もたない道をすすむには／あなたでないものに近づくには／あなたでない道をすすむことだ」（K・ヴォイティワ『反対をうけるしるし』）。

いつもキリストに向かって扉を開くということも、このことばに示される道と重なるものがあるだろう。

## 苦しみの証し人

演劇に熱中し、スポーツを愛した青年カロル。青年や労働者の近くにいて彼らを導き、人間の尊厳を守ろうと精力的に活動した司祭・司教ヴォイティワ。そして世界中を旅して人々に会い、語りかけ、最も小さく弱いいのちを大切にすることを説き、平和とゆるしを訴えた教皇ヨハネ・パウロ二世。どの姿も、人間の善を信じてやまない開かれた心と、自らに託された人々を守り導こうとする父性や慈愛に満ちている。

晩年、病を得た彼はその活動能力を失い、最晩年にはことばを話す力も失ってしまった。「ことばの人」であり「行動の人」であった彼が、行動する力も、ことばも失った。しかし彼はそのありのままの姿で、人々の前に出ていって祝福を与え、祈った。その姿に、多くの人は教皇が自らの老いと病、苦しみを通して、病んでいる人々をはじめ、苦しむ人々と一致してともに歩んでいることを感じとったのではなかっただろうか。彼は、ことばなくして人々の心の深くに語りかけ、さまざまな行動に出るよりも、むしろ、その存在そのものが祈りである者となった。若き日から彼がそれに生かされてきたみことばは彼の内ですっかり「受肉」し、音声で語られなくてもすべての人を生かす力を持っていた。

教皇ヨハネ・パウロ二世は、使徒的書簡『サルヴィフィチ・ドローリス』で、苦しみは人間の特質であることを語り、苦しみという道において、人間は自分自身を超えるように神秘的な方法で呼ばれていると述べている。そして、苦しみは神秘であり続けるが、その意味を解明する源泉は神の愛にあると言う。彼はヨハネによる福音書3章16節を引用する。「神は、その独り子をお与えになったほどに、世を愛された。独り子を信じる者が一人も滅びないで、永遠の命を得るためである」。神がこの世、すなわち人間を愛するがゆえにひとり子を「与え」られた。愛ゆえに受けとられ、苦しまれる苦しみがある。

さらに書簡では、善きサマリア人のたとえが引かれ、苦しみは人間の内に愛を誘発するものであることが指摘されている。教皇は次のように述べる。「苦しみの世界は、愛という他の世界への絶え間ない呼びかけでもあります。人間が無私無欲の愛を自分の心の中、行動の中に目覚めさせるのは、ある意味で苦しみのおかげです。『隣人』としての一人ひとりの人間は、他人の苦しみの傍らを、無関心にくぐり抜けることはできません」(29)。

自らの老いと病の中で、「あなたでない道を進む」という十字架の聖ヨハネのことばをそのまま生きた教皇ヨハネ・パウロ二世。その姿を通して、その「知らない道」の先が闇ではなく、むしろ愛そのものであり、愛ゆえにまず自らがその道を通られたイエス・キリストに従うことであることを示した、苦しみの証し人。自らの痛みと苦しみを通して人々の苦しみと連帯し、苦しみの世界が愛という世界への呼びかけであることを自ら示した聖者。その姿を思い起こして、私たちも今日、「恐れずにキリストに向かって扉を開く」ことを学びたい。その愛と力を、聖霊を、願いたい。

## 20　若葉のこころ
### ――老いて日々新たに主と出会う

### 春の新生活

「そういうわけで、ご自分の体と相談しながら、ご家族と協力して、新しい生活を築いていっていただけたらと思います」。病院の一室でのこと。若い医師は患者とその家族と向き合い、ことばを選びつつ、あくまでも客観的に、てきぱきと説明を進めていく。

持病を抱えつつも元気に暮らしていた高齢の父ががんにかかっているとわかったのは、数年前の年末のことだった。お正月休みが明けるのを待って入院。手術は成功したものの、高齢のためか術後の経過が思わしくなく、予想を大幅に上回る期間の入院治療を経て、春の訪れとともにようやく退院の許可が出た。とは言え、入院前とはかけ離れた姿で、栄養チューブにつながれた状態での帰還である。退院前に家族が呼ばれ、患者である父とともに、担当医師から病状の経過説明と退院後の生活上での注意事項を聞くことになった。その席上で告げられたのが、冒頭のことばである。

昭和一ケタ世代らしく、きっぱりとした表情で医師の説明を聞き、自分の病状を理解しようとする父。状況がよくのみ込めない様子で、沈黙する母。二人の間で「新しい生活」ということばに動揺し、その意味を推し量ってもがく私。私の心の内には、さまざまな思いが駆け巡っていた。このチューブにつながれた状態は、療養期間に限っての仮のものなのか、あるいは今後ずっと続く「新しい生活」の始まりなのか。ずっと続くとすれば、父は以前のように自分の足で出かけ、花を愛で、買い物をし、料理をしたり好きなものを食べたりする生活を、もう望むことができないのだろうか。入院前とまったく同じに、とまでは言わない。しかし、引退高齢者の質素な日常を何とか取り戻すことはできないのか。

医師団が誠意をもって治療にあたってくれたことは理解している。感謝もしている。それでも、目の前の医師に向かって「あなた、お医者さまなんだから、もっと何とか治してよ」と叫びたくなる思いが湧き起こる。過度に悲観することなく、きちんと現実を受けとめよう、そのためには冷静であれと自らに言い聞かせながら、ふと気がつくと、かみしめている唇がこわばっている。老いていく親の姿に接するたびに、いつか経験することになるかもしれないと漠然と思っていた「新しい生活」は突然、こんなふうに始まるものなのかという驚きと当惑。そして、「ちょっと待って、今ではなく、もう少し後にしてもらえませんか」と言いたくなるような、逃げ腰の姿勢。

あれやこれやの思いが錯綜する中、父は、バリアフリーのバの字もない古家に戻り、待ったなしの「新しい生活」が始まった。折しも季節は春。世間は新入生や新社会人をはじめ、新たな一歩を踏み出す人々でにぎわい、活気づく頃である。

### 老年期の課題――心理学の視点

生涯発達心理学の分野では、老年期に私たちが経験する課題について、しばしば三つの次元に整理した説明がなされる。第一は身体的な次元で、体力や健康の衰え、疾病など、身体的自己の喪失とも言える変化に対応するという課題である。第二には、社会や家庭での役割の変化や収入の減少、家族構成の変化に伴う転居など、社会生活上での変化に適応するという課題。第三は、より内面的・実存的な次元で、配偶者や家族、親しい友との死別や離別に伴う喪失に向き合い、生活の変化に適応すること、また、他者や自分自身とのゆるしと和解など、人生の受容と統合に取り組むことである。

多くの人々の経験と、その経験に関する細かな分析と検証を経て練り上げられてきた理論は、私たちが直面する個々の経験に何らかの説明を与え、その経験を理解することや、主体的な対応に向かうための手がかりを与えてくれる。老年期の心理に関する研究も、たとえば喪失と悲嘆の中で私たちがどのようなことを感じたり考えたり行ったりし、どのようなプロセスを経て失われた対象との関係を取り直して新たな一歩を踏み出していくのか、そのためには何が助けになるのかといったことについて、手がかりを与えてくれる。

その他の老年期の課題についても、たとえば身体上の変化に適切に応えられる住環境を整えることや、同年配の人と率直で温かい関係を築くこと、社会や人とのかかわりの中で何らかの新たな役割を担うことなど、私たちが取り得るいくつかのヒントが提示されている。経験される事象を分析し、因果関係を明らかにし、その事象に私たちが積極的にかかわって対応したり必要に応じて介入したりすることを通して、より豊かな生を可能にしようとするのが科学の営みであるだろう。

## 現実との出会い

今回の父のケースにおいても、身体的なことについては医学的な説明が可能であり、その受けとめについては心理学的な説明が可能であるだろう。その理論や説明は、私自身も何度も耳にしてきたはずである。にもかかわらず、チューブにつながれたままの父の姿や、畳の部屋に運び込まれる介護ベッドといった現実に、娘である私の心はついていくことができないのだ。老年期の課題と言われるものの現実を、本当のところでは自分は何もわかっていないということに、あらためて気づかされる。

父が向き合うことになった現実は、本人にとっても生涯で初めて取り組むチャレンジであるに違いない。「老年期」を歩んでいる父本人は、この課題にいったいどのように応えようとしているのだろう。中年期や老年期に私たちが経験するものとして挙げられるさまざまな課題は、子ども時代や青年期に向き合う課題の「続き」や「見直し」、「応用問題」といったものではない。むしろ、人生のその時にこそ新たに経験される、一人ひとりの人生の一大事であり、そのつど初めての経験であるのだろう。だからこそ、その時、その課題にどう応え、どう生きるかは、最終的には一人ひとりが自ら見出していくしかない。ただ、私たちはともに生きる者として、互いに助け合い、学び合うことができるし、それに招かれてもいる。そしてキリスト者は、その一つひとつの課題との取り組みを、神の愛の中で、神と人とのかかわりの内に行うよう召されている。そんな当たり前のことに、今、初めて目を開かれる思いがするのである。

## 新たな生活への召命

「あなたは、若いときは、自分で帯を締めて、行きたいところへ行っていた。しかし、年をとると、両手を伸ばして、他の人に帯を締められ、行きたくないところへ連れて行かれる」(ヨハネ21・18)。

老年期の生や父の「新しい生活」を考え、祈る際に、何度となく思い起こす箇所である。ペトロが復活の主と出会う場面。ヨハネ福音書はこのことばのすぐ後に、「ペトロがどのような死に方で、神の栄光を現すようになるかを示そうとして、イエスはこう言われたのである」(19節)と述べ、このことばがペトロの殉教を指していることを告げているから、現代の私たちの老年期の生にあてはめようとすることは間違いであるかもしれない。しかし、若い時には自分で帯を締め、自分が望むところを闊歩(かっぽ)していたが、年をとると他の人に帯を締められ、自らが望まないところに連れて行かれると言われるような事態は、私たちも現代の生活の中で、経験することであるだろう。

ヨハネ福音書21章15節以下で、イエスはペトロに「ヨハネの子シモン」と呼びかけ、「わたしを愛しているか」と問う。同福音書でイエスがペトロを「ヨハネの子シモン」と呼ぶのは、1章42節に語られる、最初の出会いの場面と、21章15節から19節に語られるこの箇所だけである。聖書学者のレイモンド・E・ブラウンは、イエスがペトロに対してあらためてその名をもって呼びかけるこの二つの箇所に特徴的なのは、イエスがペトロにアイデンティティを与えていることだと指摘する（『キリストの復活』参照）。

1章の物語ではペトロに「ケファ（岩）」という呼び名が与えられている。また、福音書最後の章である21章では、イエスの「羊を飼う」「世話をする」という役割がペトロに与えられ、ペトロはもう一度、新たにイエスに従う者として召し出されている。初めてイエスに出会い、「ケファ」と名づけられて親しいかかわりに入った日の、胸躍る喜び。そして、イエスを主として仰ぎ、慕い、そのもとに留まって日々を歩んで苦楽をともにし、いざとなると自らの保身のために師を見捨てて逃げてしまうようなペトロ自身の弱さもあらわになった後で、もう一度あらためて、その弱さにもかかわらず受けいれられ、ゆるされて、涙の内にイエスと出会う、痛悔と感謝。どちらにおいてもペトロは彼の人生の中でかれる。

たった一度のその「時」に、名をもって呼び出され、キリストと出会い、新たな生へと招かれる。

## 愛と使命

21章の出会いの場面で、イエスが自身の「羊を飼う」役割をペトロに託すに際して求めたのは、ただ、イエスに対する愛である。「ヨハネの子シモン、わたしを愛しているか」(16節)。

イエスに「あなたのためなら命を捨てます」(13・37)と豪語しつつ、ひとたび試練にさらされるとあっけなく裏切ってしまった自らの弱さを知るペトロは、「わたしを愛しているか」というイエスの問いに対して「わたしがあなたを愛していることは、あなたがご存知です」(16節)と答えるしかなかったのだろう。その精いっぱいの答えを受けて、イエスはペトロに新しい使命を与えられる。そして「年をとると、両手を伸ばして、他の人に帯を締められ、行きたくないところへ連れて行かれる」いう先のことばが語られ、次いで「わたしに従いなさい」(19節)と招かれる。

15節から19節をゆっくり読むと、自らに託される羊(民)の世話をし、そのために自身のいのちを差し出し（ヨハネ10・11参照）、その愛ゆえに「他の人に帯を締められ、行きたくないところへ連れて行かれる」経験をまず通っていったのは、イエス自身であり、その大前提のもとに「年をとると……」ということばが入れられていることがわかる。このイエスの愛に生かされるからこそ、ペトロは後に自らを差し出すに至るまでイエスに従っていくことができたのだろう。

「あなたは、若いときは、自分で帯を締めて、行きたいところへ行っていた。しかし、年をとると、両手を伸ばして、他の人に帯を締められ、行きたくないところへ連れて行かれる」ということばが意味することは、若い時は自由気ままに望むところに行って生きることができたが年をとるとそうはいかなくなる、人生とはしょせんそんなもの、というようなあきらめではない。そうではなく、むしろ、十字架に至るまでに深いイエスの愛に結ばれて、自分が主人である生き方から、神にゆだね、導かれる生き方へと召されていくことを意味しているのだろう。その新しい生き方においては、「他の人に帯を締められ、行きたくないところへ連れて行かれる」ような、望まない苦難の出来事は、まさにその苦難を引き受けられたイエス・キリストとより深く出会う経験となり、また、今、痛みや苦しみを担う、ほかの誰かと、より謙遜につながっていく一致や連帯の経験となる。その道行きで私たちを支えるのは、愛と復活への希望である。この箇所を祈る時、私たちもまた、イエスの愛にあずかって、人とつながり自らを献げる「新しい生」へと招かれていることを思い起こしたい。

## 信仰の旅路

父が退院する前日、古家に運び込まれた介護ベッドでモーターを動かして遊んでいた幼稚園児の甥が聖歌「あめのきさき」を歌っていた。思い起こすならば、聖母マリアはその生涯において「信仰の旅路を進み、十字架に至るまで子との一致を忠実に保」った（『教会憲章』58）方である。人生のさまざまな段階で、そのときどきの出来事の内に神からの呼びかけを聴き、恵みと信頼の内にそのつど新たに応えながら人生の旅路を歩んだ方は、その信仰の姿をもって、今も私たちの行く手を示される。この方は、人々が困窮している現実に心を砕き、イエスのもっとも近くにいてとりなしてくださる母でもある。

聖母の月とされる五月は、日本では若葉が初々しく映える時。私たちの誰もが初めて経験する今日という日を、若葉のように新鮮に、喜びをもって迎えたい。今日が、主との新たな出会いの日でありますように。

# 引用・参考文献

J・H・ウェスターホフ、奥田和弘他訳『子どもの信仰と教会――教会教育の新しい可能性』新教出版社、一九八一年
K・ヴォイティワ、小林珍雄訳『反対をうけるしるし――バチカンでの黙想会説教』エンデルレ書店、一九八〇年
E・H・エリクソン、五十嵐武士訳『歴史のなかのアイデンティティ』みすず書房、一九七九年
E・H・エリクソン、近藤邦夫訳『玩具と理性――経験の儀式化の諸段階』みすず書房、一九八一年
E・H・エリクソン、村瀬孝雄／近藤邦夫訳『ライフサイクル、その完結』みすず書房、一九八九年
S・カヴァレッティ、K・ルーメル／江島正子訳『子どもが祈りはじめるとき――モンテッソーリ宗教教育』ドン・ボスコ社、一九九八年
小此木啓吾『対象喪失――悲しむということ』中公新書、一九七九年
神谷美恵子『ハリール・ジブラーンの詩』角川文庫、二〇〇三年
カルメロ神父編『カトリック祈祷書　祈りの友』サンパウロ、一九八三年
C・ギリガン、岩男寿美子監訳『もうひとつの声――男女の道徳観のちがいと女性のアイデンティティ』川

島書店、一九八六年
サン・テグジュペリ、内藤濯訳『星の王子さま』岩波書店、一九五三年
サン・テグジュペリ、河野万里子訳『星の王子さま』新潮社、二〇〇六年
新約聖書翻訳委員会訳『新約聖書』岩波書店、二〇〇四年
A・ストー編著、山中康裕監修『エッセンシャル・ユング――ユングが語るユング心理学』創元社、一九九七年
関茂『八木重吉――詩と生涯と信仰』新教出版社、一九九六年
D・ゼレ、堀光男訳『内面への旅――宗教的経験について』新教出版社、一九八三年
第2バチカン公会議文書公式訳改訂特別委員会監訳『第二バチカン公会議公文書　改訂公式訳』カトリック中央協議会、二〇一三年
P・トゥルニエ、久米あつみ訳『生の冒険』日本キリスト教団出版局、二〇〇七年
H・J・M・ヌーウェン（ナウエン）、西垣二一／岸本和世訳『傷ついた癒し人――苦悩する現代社会と牧会者』日本基督教団出版局、一九八一年
H・J・M・ナウウェン（ナウエン）、三保元訳『差し伸べられる手――真の祈りへの三つの段階』女子パウロ会、二〇〇二年
H・J・M・ナウウェン（ナウエン）、小野寺健訳『心の奥の愛の声――苦悩から自由への旅』女子パウロ会、二〇〇二年
H・J・M・ナウエン、廣戸直江訳『最大の贈り物――死と介護についての黙想』聖公会出版、二〇〇三年
H・（J・M・）ナウエン、片岡伸光訳『放蕩息子の帰郷――父の家に立ち返る物語』あめんどう、二〇〇三年

日本カトリック典礼委員会編『カトリック儀式書　成人のキリスト教入信式』カトリック中央協議会、一九七六年

林明子『こんとあき』福音館書店、一九八九年

P・ピアス、高杉一郎訳『トムは真夜中の庭で』〈新版〉岩波少年文庫、二〇〇〇年

R・E・ブラウン、佐久間勤訳『キリストの復活――福音書は何を語るか』女子パウロ会、一九九七年

F・V・フランクル、霜山徳爾訳『死と愛――実存分析入門』みすず書房、一九五七年

F・V・フランクル、佐野利勝／木村敏訳『識られざる神』みすず書房、二〇〇二年

F・V・フランクル、池田香代子訳『夜と霧〈新版〉』みすず書房、二〇〇二年

M・マリンスキ、小林珍雄訳『ヨハネ・パウロ二世――カロル・ウォイティワ伝』エンデルレ書店、一九八〇年

教皇ヨハネ・パウロ二世『回勅　人間のあがない主』カトリック中央協議会、一九八〇年

教皇ヨハネ・パウロ二世『使徒的勧告　家庭――愛といのちのきずな』カトリック中央協議会、一九八七年

教皇ヨハネ・パウロ二世、内山恵介訳『サルヴィフィチ・ドローリス――苦しみのキリスト教的意味』サンパウロ、一九八八年

教皇ヨハネ・パウロ二世、斎田靖子訳『怒濤に立つ　教皇ヨハネ・パウロ二世自伝――賜物と神秘』エンデルレ書店、一九九七年

R. L. Gould, *Transformations: Growth and change in adult life.* New York: Simon & Schuster, 1978.

R. J. Sternberg & M. L. Barnes (Eds.), *The Psychology of Love.* New Haven, CT: Yale University Press, 1988.

## あとがき

木々の緑が濃くなってくると、地元の人々が City of Trees（樹木の町）と呼んでいた、アメリカの静かな町にある大学の図書館で、一篇の論文に出会った時のことを思い出します。当時、私は成人発達・生涯教育学を専攻する大学院生で、博士論文の準備段階に入っていました。人の目には衰退や喪失と見える経験が多くなる老年期を視野に入れて人間の発達を考える、同分野に魅力を感じつつ、若い自分に可能な研究テーマは何か、思案していました。そして、それよりもまず、自分自身が生涯をかけて追究していきたいテーマは何だろうという漠然とした問いに向き合ってもいました。私が本気でそこに向かっていきたい価値は、いったい何かという問い。当時の私には、それを「求道」と表現することすらできませんでしたが、何か、人生の軸となるものへの渇きが自分の内にあることを感じつつ、私は日々、図書館に通っては手あたり次第に論文を読んでいました。

そんなある日、図書館の一角で、知恵をテーマにした論文に出会ったのです。それは、エリクソンのライフサイクル論では老年期に人が身につけ得る力として挙げられている「知恵」に関する研究でした。生涯の歩みの最晩年に、長い年月を通して身につけたよさとして現れ出てくる人間の知恵とは何か。その知恵は文化を超えて共通なのか。私は、このテーマに発達心理学的にはどう取り組むかといった研究方法を考えるよりも先に、何か「知恵」に引き込まれるものを感じて、これを自分の論文テーマにしようと心に決めたのでした。

その後、文献研究を始めると、私は次々に「人間の知恵と神の知恵」や、聖書の「知恵文学」、「神の知恵であるキリスト」といった、それまでは考えもしなかった知恵の世界に出会うことになりました。人間の知恵に関する研究から、神の知恵の希求へと導かれていったといいましょうか。しだいに私は、神の知恵とは、それが何であるかを理性で認識するものであるよりもむしろ、人格的に出会い、恵みの内に関わりを深めていくものであることに気づかされていきました。人間の知恵は、この神の知恵の神秘に開かれていることではないか……。そのようにして知恵に導かれ、あらためて人間を考え、信仰を生きる人々に出会い、キリストに出会い、私もキリスト者としての歩みを始めました。

月刊誌『福音宣教』の編集部から「人をつなぐ神の知恵」という題で連載の依頼をいただいたのは、図書館の片隅で知恵の論文に出会ったあの日から、二十年近い月日を経てのことです。この時もまた、私は「知恵」に引き寄せられて、お引き受けしたのでした。連載が始まると、生涯発達論研究においても、また聖書や教会の伝統、そして信仰生活においても、自分がいかに中途半端で未熟であるかを痛感するばかりでしたが、原稿に向かうことを通して、キリストに出会う喜びと、人に出会う喜びとを、毎回経験させていただきました。二年間の歩みをともにしてくださった読者の皆さまに、お礼を申しあげます。

本書の刊行にあたり原稿を整理していて、「人をつなぐ神の知恵」というには「つなぐ」の部分が十分に書けていないことが気になり、書名を『人を生かす神の知恵』としました。「わたしがあなたがたを愛したように、互いに愛し合いなさい」（ヨハネ15・12）と言われたイエスに従って、愛である神の知恵に生かされる者が、より深く人とつながり、仕え合ってともに生きることについて、もっと自覚的であるようにという促しと宿題を、あらためて神さまからいただいているように感じます。

『福音宣教』連載中から本書の刊行まで、オリエンス宗教研究所の方々には、いつも、寛容な励ましと的確な助言をいただきました。あらためて心からの感謝を申しあげます。

二〇一六年六月　聖母のみ心の記念日

武田なほみ

本書は月刊『福音宣教』（オリエンス宗教研究所）に連載された「人をつなぐ神の知恵」（二〇一三年一月号〜二〇一四年十二月号）をもとに、著者による加筆修正のうえ、まとめられたものです。

聖書本文の引用は『聖書　新共同訳』（日本聖書協会）を用いました。

## 著者紹介

武田なほみ（たけだ・なほみ）

上智大学神学部教授

東京都生まれ．1986年，慶應義塾大学卒業．シアトル大学大学院を経て2000年，アイダホ大学大学院博士課程修了（Ph. D）．2004年，上智大学大学院神学研究科修了．専攻分野は生涯発達論，新約聖書神学．研究テーマはキリスト教信仰と人間形成など．主な著作に『危機と霊性』『希望に照らされて』（ともに共編，日本キリスト教団出版局），『宗教的共生と科学』（共著，教友社）などがある．

# 人を生かす神の知恵
## ——祈りとともに歩む人生の四季——

●

2016年8月1日　初版発行

**著　者**　武田なほみ
**発行者**　オリエンス宗教研究所
**代　表**　C・コンニ
〒156-0043　東京都世田谷区松原2-28-5
☎ 03-3322-7601　Fax 03-3325-5322
http://www.oriens.or.jp/
**印刷者**　モリモト印刷株式会社


ISBN978-4-87232-094-7　Printed in Japan

東京大司教出版認可済